Norbert Golluch

PAPA-WISSEN

NORBERT GOLLUCH

PAPA WISSEN

Erstaunliche Fakten,
die jeden Papa verblüffen

YES

Originalausgabe
1. Auflage 2022

Türkenstr. 89, 80799 München
info@yes-publishing.de

Umschlaggestaltung: Ivan Kurylenko (hortasar covers)
Layout und Satz: Müjde Puzziferri, MP Medien, München
Druck: BoD, Norderstedt
Printed in Germany

ISBN Print 978-3-96905-124-5
ISBN (ePUB, Mobi) 978-3-96905-125-2
ISBN (PDF) 978-3-96905-126-9

INHALT

MACHEN KINDER GLÜCKLICH?

Der Kinderwunsch ist weit verbreitet, sowohl bei Frauen als auch bei Männern. Aus Frauen werden Mütter und aus Männern Väter, und es stellt sich die Frage: Ist diese weit verbreitete Veränderung im menschlichen Zusammenleben von Vorteil, und wenn ja: für wen?

- Jeder zweite Mann unter 45 Jahren meint nach einer Studie des Allensbach-Instituts, dass Kinder sein Leben nicht glücklicher machen. Studien zeigen aber auch, dass Menschen mit Kindern mehr Lebensglück empfinden – allerdings erst, wenn diese erwachsen geworden und ausgezogen sind …
- Eine schwedische Studie ergab, dass Kinder das Lebensalter ihrer Eltern erhöhen. Im Schnitt um ganze zwei Jahre. Ob die Eltern verheiratet sind, hat auf den Effekt keinen Einfluss. Auch macht es keinen Unterschied, ob es sich bei den Kindern um Söhne oder Töchter handelt.

Für eine andere Studie, durchgeführt von der Princeton-Universität, USA, wurden mehr als 1 Million Männer und Frauen in 161 Staaten befragt. Die Ergebnisse sind zum Teil absehbar, in einigen Punkten aber auch überraschend:

- Eltern sind deutlich gestresster als kinderlose Paare.
- Eltern fahren emotional Achterbahn – die extremen Stimmungen wechseln sich ab: himmelhoch jauchzend, zu Tode betrübt.
- Eltern, die in schlechten materiellen Bedingungen leben, freuen sich deutlich weniger über Kinder als gut situierte.

- In den ersten drei Lebensjahren des Kindes fühlen sich Eltern bereichert. Sie beklagen allerdings eine Abnahme ihrer sozialen Kontakte, die Pflege von Freundschaften leidet unter der Elternschaft.
- Auch für die Partnerschaft entstehen Probleme, vor allem Zeitmangel wird genannt.
- Väter fühlen sich mit Arbeitsleben und Kind genauso wohl wie zuvor ohne Kind.
- Die Zufriedenheit von Männern, die ungeplant zum Vater wurden, verbessert sich nach der Geburt nicht – sie sind als Väter nicht zufriedener als kinderlose Männer.

In einer Studie der Zeitschrift *eltern* und des Forsa-Instituts von 2013 zur Lebenszufriedenheit von Vätern wurden über 1000 Männer befragt. Demnach stellt sich die Lage für den neuen Vater so dar:

- 58 Prozent der Väter zwischen 20 und 55 Jahren finden, ihr Leben würde durch das Kind bzw. die Kinder erfüllter. Waren sie bei der Geburt des Kindes im Kreißsaal dabei (wie heute etwa 70 Prozent der Väter), steigt die Quote sogar auf knapp zwei Drittel.
- Doch der neue Status als frischgebackener Vater hat auch Schattenseiten: 65 Prozent der Kreißsaal-Väter beklagen sich über zu wenig Sex.
- Über 80 Prozent der Väter sagen, dass es äußerst wichtig sei, viel Zeit mit den Kindern zu verbringen. Allerdings geben auch 61 Prozent an, zur Versorgung der Familie müssten

sie in Vollzeit berufstätig sein. Eine Teilzeitbeschäftigung wünscht sich nur ein Drittel.

- Die meisten Väter nehmen nur zwei Monate Elternzeit. Dabei spielen Ängste wohl eine große Rolle: 40 Prozent der neuen Väter fürchten, die Elternzeit könne sich negativ auswirken, ein Karriereloch oder sogar den Arbeitsplatzverlust nach sich ziehen.

Ginge es nach den Erkenntnissen der Wissenschaft, oft in nackte Zahlen gepresst, erscheint es ganz schön gewagt, Kinder in die Welt zu setzen. Vermutlich würde die Menschheit auf lange Sicht aussterben, wenn sich alle an diesen statistischen Fakten orientieren würden. Echtes Elternglück scheint es nur in mikroskopischer Dosis zu geben und Dankbarkeit haben Vater und Mutter auch nicht zu erwarten. Dafür ist das Angebot an Problemen gigantisch: Schon wenn sie klein sind, machen Kinder, was sie wollen, gar nicht darüber zu reden, was geschieht, wenn sie älter werden … Erziehung? Geht das überhaupt?

Aber offenbar gibt es wie in der Atomphysik eine Unschärferelation – je genauer man ein Atomteilchen betrachtet, desto ungenauer werden die Erkenntnisse, die man gewinnen kann. Ähnlich verhält es sich mit Einsichten über die Elternschaft und vor allem auch über das ganz besondere Verhältnis, das ein Vater zu seinen Kindern und natürlich auch zur Mutter hat: Globale Aussagen und Durchschnittswerte bringen nichts. Je messbarer die Ergebnisse, desto ungenauer werden sie. Man könnte behaupten, dass die wenigsten Soziologen Babybrei auf der Krawatte haben und viele Statistiker noch nie eine Windel gewechselt haben – somit auch die damit verbundenen Emotionen nicht kennen. Aber sind das Glücksgefühle? Die tatsächlichen individuellen Verhältnisse kann man in einem einzigen Satz erklären: Fragen Sie einmal einen Vater, ob er mit einem reichen Mann ohne Kinder tauschen möchte.

Die Antwort macht klar, warum es mit der Menschheit immer weitergeht und warum es sich lohnt, ein bisschen tiefer in die verborgene Welt des väterlichen Wissens einzusteigen …

Eine Frage sollte man als Vater allerdings nicht vergessen: Sind Kinder eigentlich glücklich mit ihren Eltern?

Eine neue Studie gibt Auskunft über die Zufriedenheit von Kindern in der ganzen Welt. Deutsche Kinder leben zwar in Sicherheit und (oft mehr als) wohlbehütet bei ihren Eltern, sind aber mit sich und ihren Lebensbedingungen nicht wirklich zufrieden. Befragungen von Zwölfjährigen in den unterschiedlichen Ländern ergaben, dass Kinder in Rumänien und Kolumbien sich als viel glücklicher einschätzen als der deutsche Nachwuchs.

WISSEN ÜBER FRAUEN (UND MÜTTER)

Die Lebenswirklichkeit von Männern und Frauen unterscheidet sich von jeher – gerade auch, was das Thema Mutter- und Vaterschaft betrifft. Manch eine und einer behauptet sogar, Männer und Frauen seien inkompatibel. Tatsächlich passen sie besser zusammen, wenn man(n) gewisse Unterschiedlichkeiten berücksichtigt. Sehr hilfreich dabei, tatsächlich Vater zu werden, ist zum Beispiel die folgende Erkenntnis: Romantische Musik hilft nachweislich beim Flirten.

FRAUEN UND DAS TELEFON

- Frauen führen nicht mehr, aber längere Telefonate.
- Bei Frauen dauern 64 Prozent der Gespräche länger als eine halbe Stunde.
- Bei Männern dauert nur ein Drittel der Gespräche länger als eine halbe Stunde.
- 81 Prozent der Gespräche von Männern enden schon nach nicht einmal fünf Minuten.
- Frauen reden den ganzen Tag. Und wenn sie gerade keinen zum Reden haben, dann telefonieren sie. Das behauptet zumindest der deutsche Durchschnittsmacho. Tatsächlich jedoch reden Männer fast genauso viel wie Frauen. Beide bringen es auf circa 16 000 Wörter am Tag.
- 17 Prozent der deutschen Frauen würden beim Sex ans Telefon gehen. Bei Männern sind es nur 10 Prozent. »Hallo, Schwiegermutter!«

INTELLIGENZ – DURCHSCHNITT KONTRA EXTREMISMUS

- Frauen sind im Durchschnitt ebenso intelligent wie Männer. Allerdings gibt es bei den Männern mehr Ausreißer nach oben und nach unten, somit mehr »Genies« mit einem IQ über 130, jedoch auch mehr geistig Behinderte mit einem IQ unter 70.
- Unterschiede gibt es in den einzelnen Intelligenz-Disziplinen: Frauen sind führend in der sprachlichen Intelligenz, ihre Wahrnehmung ist zum Teil schneller und umfassender. Männer dominieren im mathematischen Bereich und im räumlichen Vorstellungsvermögen. Ob die Ursachen dafür genetische Unterschiede oder aber die jeweilige Sozialisierung sind, vermag niemand mit letzter Sicherheit zu sagen.
- Als die Frau mit dem höchsten IQ (je nach Test zwischen 168 und 228) gilt die amerikanische Schriftstellerin, Kolumnistin und Finanzexpertin Marilyn vos Savant. Marilyn vos Savant studierte Philosophie, arbeitete als Investmentbankerin und lebt in Manhattan.

FRAUEN UND DAS AUTO

- Frauen sind die besseren Autofahrer. Zumindest, wenn man der Statistik glaubt. Eine Erhebung in Großbritannien ergab, dass 79 Prozent aller Vergehen im Straßenverkehr von Männern verursacht werden. Frauen sind also nur für eines von fünf Vergehen auf britischen Straßen verantwortlich.

- Zur Ehrenrettung der Männer sei jedoch gesagt, dass zumindest in Deutschland Männer im Schnitt doppelt so viele Kilometer im Auto unterwegs sind wie Frauen.
- Gemäß einem Gesetz der Stadt Memphis im US-Bundesstaat Tennessee dürfen Frauen nur Auto fahren, wenn vor ihnen ein Mann mit einer roten Fahne läuft, der Fußgänger und andere Verkehrsteilnehmer warnt.
- Bis 2018 war Saudi-Arabien der letzte Staat der Welt, in dem Frauen das Fahren eines Autos verboten war. Das Verbot galt seit mehr als sechzig Jahren. Die Aufhebung des Verbots ging auf eine Reform des als vergleichsweise liberal geltenden Kronprinzen Mohammed bin Salman zurück. Saudi-arabische Fahrschulen waren daraufhin über Monate hinweg ausgebucht.

FRAUENTAGE

- Der Weltfrauentag wird jährlich am 8. März begangen und das bereits seit 1921. In Berlin ist er sogar ein gesetzlicher Feiertag.
- Der Muttertag wird in über 70 Ländern begangen und feiert die Bedeutung der Mütter für die Gesellschaft. Die meisten Muttertage finden am zweiten Sonntag im Mai statt. In Äthiopien hingegen feiert man die Mütter, wenn die Regenzeit beginnt.

WISSEN ÜBER MÄNNER (UND VÄTER)

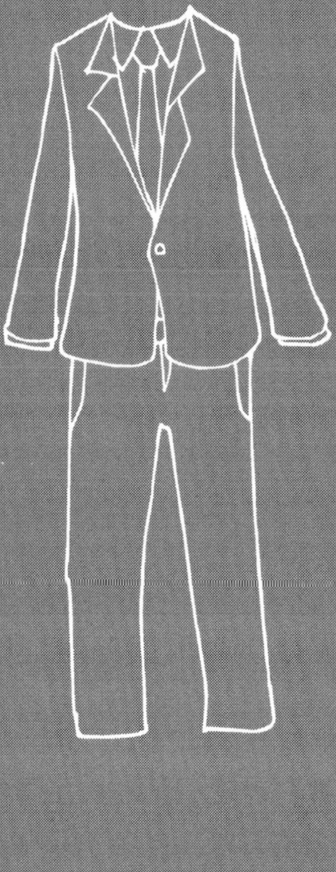

Da Sie selbst ein Mann sind, müssten Sie ja bereits intime Kenntnisse der männlichen Verfasstheit besitzen. Die folgenden Fakten über Männer und Väter sind Ihnen vielleicht trotzdem noch nicht bekannt.

ATTRAKTIVITÄT UND ANZIEHUNG

- Nicht nur Mode lässt sich mit attraktiven Models besser verkaufen. Bilder von schönen Frauen animieren Männer dazu, mehr Geld auszugeben. Insbesondere für Geschenke.
- Wenn sich eine attraktive Frau in die Gegenwart eines Mannes begibt, lässt dessen geistige Leistungsfähigkeit kurzzeitig nach. Die Gedanken des Mannes werden sofort auf die Frage gelenkt, wie er das Interesse der Frau wecken kann. Das fanden Forscher der niederländischen Radboud-Universität heraus. Ein solcher Effekt ließ sich bei Frauen nicht feststellen.
- Eine Untersuchung der Universität Zhejiang ergab ebenfalls, dass Männer in Gegenwart hübscher Frauen weniger konzentriert und weniger leistungsfähig sind, insbesondere in den ersten Minuten des Kontaktes. Aber auch das Fairnessverhalten leidet. Ein Argument für getrennte Mädchen- und Jungenschulen?
- Der Anblick durchtrainierter Männerkörper lässt das Selbstbewusstsein von Männern in der Regel nicht sinken. Ganz anders sieht es aus, wenn sich Männer in der Gegenwart attraktiver Frauen befinden. Ihr Anblick lässt das männliche

Selbstbewusstsein sinken. Aber auch Frauen lassen sich vom Anblick attraktiverer Geschlechtsgenossinnen verunsichern. In Gegenwart attraktiver Männer und Frauen sind Frauen mehr auf ihre Konkurrenz fokussiert als auf anwesende Männer.

- Untersuchungen des Hormonhaushalts haben ergeben, dass der Testosteronspiegel eines Mannes in Gegenwart von Frauen um circa acht Prozent steigt. Der Anstieg ist nicht davon abhängig, ob der betroffene Mann die Frau attraktiv findet oder nicht. Vielmehr gibt es einen Zusammenhang mit der Fruchtbarkeit der Frau, deren Status sich dem Mann über subtile unbewusste Signale mitteilt, die er ebenfalls unbewusst wahrnimmt. Deshalb verdienen Stripperinnen an ihren fruchtbaren Tagen mehr Geld.
- Uniformen machen Männer sexy? Auf die richtige Uniform kommt es an! Ganz hoch im Kurs steht in weiblichen Wunschvorstellungen der Pilot. Briefträger haben es schwerer.
- Kein Harem für die Frau? Männer fühlen sich in Gegenwart vieler Frauen wohl, wenn sie der einzige Mann im Raum sind. Frauen fühlen sich in Gegenwart zu vieler Männer unwohl.
- In einer Studie des Internetportals ElitePartner im Jahr 2017 gaben 45 Prozent von 6500 Männern an, dass Ärztin der attraktivste weibliche Beruf für sie sei. Auf Platz 2 mit 37 Prozent landete die Krankenschwester.
- Beuteschema: Ärmere Männer fühlen sich häufiger zu dickeren Frauen hingezogen als Männer, die sich selbst als mate-

riell wohlhabend empfinden. Das ergab eine Umfrage unter amerikanischen Studenten, die Angaben zu ihrem gefühlten Vermögen und ihrem bevorzugten Beuteschema offenlegen sollte.

- Rote Gesichter wirken eher männlich, grünliche Gesichter hingegen eher weiblich. Das fanden amerikanische Forscher heraus, indem sie die verzerrten Gesichter verschiedener Personen durch ihre Probanden einem Geschlecht zuordnen ließen. Färbten die Forscher die Gesichter fast unmerklich röter, wurden die Bilder mit größerer Wahrscheinlichkeit als männlich beschrieben. Wurden die Bilder hingegen grünlich eingefärbt, beschrieben die Probanden die gezeigten Gesichtsbilder eher als weiblich.
- Männer mit tiefer Stimme haben im Schnitt mehr Kinder als Männer mit hoher Stimme. Eine Studie der Universität Westaustralien ergab jedoch, dass die Spermienzahl von Männern mit tiefer Stimme geringer ist.
- Für längerfristige Beziehungen bevorzugen Frauen Männer mit eher weiblichen Gesichtszügen. Für kurzfristige Affären werden Männer mit männlichen Gesichtszügen bevorzugt.
- Harte Schale, weicher Kern? Jeder vierte Mann gibt zu, bei gefühlvollen Liedern zu weinen. Bei den Frauen ist es jede zweite.
- 80 Prozent der befragten Frauen gaben an, es liebenswert zu finden, wenn ihr Mann hin und wieder weint. Im Durchschnitt weinen Frauen über 18 Jahren viermal häufiger als Männer.

Rund 70 Prozent der Männer gaben an, Humor bei Frauen unsexy zu finden. Viel lieber mögen es Männer, wenn Frauen über ihre Witze lachen.

KÖRPERGRÖSSE

- Anfang des 20. Jahrhunderts betrug die Durchschnittsgröße eines ausgewachsenen deutschen Mannes 1,70 Meter. Heutzutage liegt sie mit 1,80 Metern zehn Zentimeter darüber.
- Die größten Männer der Welt finden sich mit durchschnittlich 1,825 Metern in den Niederlanden.
- Die kleinsten Männer der Welt leben in Osttimor in Südostasien. Die durchschnittliche Körpergröße eines Mannes beträgt dort bloß 1,598 Meter.
- Der Durchschnittsdeutsche Max Mustermann ist 1,80 Meter groß, 82 Kilogramm schwer und verdient 3645 Euro brutto im Monat.
- Größere Männer sind nicht nur stärker und wirken attraktiver. Auch im Gehalt schlägt sich die Körpergröße nieder. Pro zusätzlichem Zentimeter Körpergröße erhält ein Mann rund 0,6 Prozent mehr Gehalt. Das entspricht bei zehn Zentimetern Größenunterschied immerhin 6 Prozent beziehungsweise 180 Euro pro Monat bei einem durchschnittlichen monatlichen Bruttoeinkommen von 3000 Euro.
- Kleinere Männer neigen deutlich häufiger zu Eifersucht als größere. Dies fand eine Umfrage der Universität Groningen

heraus. Besonders bedroht fühlen sie sich durch reichere und größere Konkurrenten.

Frauen sind besonders häufig von Eifersucht betroffen, wenn sie selbst überdurchschnittlich groß oder klein sind. Für sie gilt beides als störende Abweichung von der Norm.

VATER, ALLEINERZIEHEND

In Deutschland gab es 2018 circa 400 000 alleinerziehende Väter. Die Zahl der alleinerziehenden Mütter lag mit mehr als zwei Millionen deutlich darüber.

1982 entschied das Bundesverfassungsgericht, dass es nicht dem Gleichbehandlungsgrundsatz entspricht, wenn das Sorgerecht für gemeinsame Kinder nach einer Trennung immer auf die Mutter übertragen wird. Doch erst seit 1998 sind Vater und Mutter in gleicher Weise sorgeberechtigt.

VÄTER UND DIE ORDNUNG

Männer haben im Vergleich zu Frauen eine meist höhere Hemmschwelle, was Ordnung angeht. Was für sie unbedingt aufgeräumt werden muss, ist für ihn unter Umständen noch ganz in Ordnung. Eine Studie unter dem Titel »Good Housekeeping, Great Expectations: Gender and Housework Norms« aus dem Mai 2019 unterstreicht diese Beobachtung.

- Nach dieser Studie verbringen Frauen im Durchschnitt etwa 80 Minuten pro Tag mit Kochen, Putzen und Wäschewaschen. Etwa 30 Minuten dieser Zeit werden für die Reinigung aufgewendet.
- Männer hingegen widmen diesen drei Tätigkeiten viel weniger Zeit, nur eine halbe Stunde pro Tag. Davon verwenden Sie nur 10 Minuten für das Staubsaugen und Aufräumen der Wohnung.
- Die zögerliche Aktivität oder gar Untätigkeit in Sachen Putzen und Aufräumen liegt aber keineswegs an einer geringeren männlichen Sensibilität für Schmutz und Unordnung. Die Annahme, Männer litten an einer Art Schmutzblindheit, die sich aus einer Rollenaufteilung seit der Steinzeit ergibt – er jagt das Mammut, sie räumt die Höhle auf – ist falsch. Fakt ist aber, dass Männer weltweit bedeutend weniger putzen als Frauen, und das sogar im emanzipierten Schweden.

- Manche Männer lieben Ordnung, andere brauchen das Chaos. 47 Prozent der Männer müssen an einen aufgeräumten Schreibtisch zurückkehren, um stressfrei arbeiten zu können. 21 Prozent der Männer fühlen sich in einer unordentlichen Atmosphäre produktiver. Gerade dieser Gruppe wird das Zusammenleben mit ihren Kindern sehr entgegenkommen – kreatives Chaos garantiert!

DER VATERTAG

- Der sehr beliebte Vatertag wird in Deutschland an Christi Himmelfahrt begangen, 40 Tage nach Ostern. Je nach Region wird er auch Herrentag oder Männertag genannt.
- Die Brutstätte der auch heute noch praktizierten alkoholischen Riten (Bierfass auf einem Handwagen und Ähnliches) ist ein Brauereiunternehmen aus Berlin, ganz im Sinne der Absatzförderung: Ende des 19. Jahrhunderts zogen die ersten berauschten Männergruppen durch Berlin und das Umland. Dass Christi Himmelfahrt seit 1934 in Deutschland ein gesetzlicher Feiertag ist, kommt den feiernden Männern entgegen.
- Bereits im 19. Jahrhundert wanderten auch ostdeutsche Männer in einer »Herrentagspartie« mit Bollerwagen und Alkohol bestens ausgestattet durch die Landschaft.
- Weil in der DDR der Feiertag Christi Himmelfahrt nach 1967 abgeschafft wurde, wurden die Genossen kreativ, um dennoch eine »Herrentagspartie« unternehmen zu können. Sie widmeten ihren Ausflug zum Beispiel zu einer religiösen Veranstaltung um.
- In den USA wurde der Vatertag 1910 zur Ehrung der Veteranen des Bürgerkriegs (1861–1865) etabliert. Die Idee kam von Sonora Smart Dodd, deren Vater im Bürgerkrieg gefallen war.
- Obwohl der Vatertag in den USA bereits 1910 etabliert worden war, machte ihn erst Präsident Richard Nixon zum offiziellen Feiertag an jedem dritten Sonntag im Juni.

- Nur 4 Prozent der Väter erhalten ein Geschenk zum Vatertag. Zum Muttertag erhalten jedoch 80 Prozent aller Mütter ein Geschenk von ihren Liebsten.
- Was war das Schlimmste, was deutschen Männern am Vatertag passiert ist? 44 Prozent gaben auf diese Frage an, dass sie sich am Vatertag durch Regen am meisten gestört gefühlt hatten. 25 Prozent hatten einen Kater, 7 Prozent war der Grill ausgefallen, 2 Prozent waren in eine Schlägerei verwickelt und 1 Prozent hatte einen Verkehrsunfall.

- Die Zahl der Verkehrsunfälle unter Alkoholeinfluss ist am Vatertag in Deutschland dreimal so hoch wie an anderen Tagen.
- Erinnern Sie sich noch an R-Gespräche? Bei diesen Telefonaten zahlte nicht der Anrufer für das Gespräch, sondern die Person am anderen Ende der Leitung. Nach Angaben der Telefongesellschaften wurden die meisten R-Gespräche an Vatertagen geführt.
- Die Alternative: Am 3. November 2000 feierte die Welt zum ersten Mal den Weltmännertag.

DIE MÄNNLICHE ZEUGUNGSFÄHIGKEIT

- Biologisch betrachtet können Männer auch in sehr hohem Alter immer noch Kinder zeugen. Die biologische Uhr tickt nur für Frauen, für Männer gibt es sie nicht. Der älteste bekannte Vater eines Neugeborenen ist der 94 Jahre alte Inder Ramjit Raghav.

- Eine Studie der Universität Harvard ergab, dass Tofu und Sojamilch die Spermienkonzentration bei Männern stark sinken lassen. Dieser Effekt wurde bereits zuvor bei Tieren beobachtet, die mit Soja gefüttert wurden. Wissenschaftler vermuten, dass pflanzliche Hormone in der Sojapflanze dafür verantwortlich sind.

DER VATER DES VATERS: GROSSVATER

- Im Schnitt beziehen Männer in Deutschland ihre Rente 16,6 Jahre lang. Sie gehen mit 61,2 Jahren in Rente und sterben mit 77,8 Jahren – die dazwischen liegende Zeit können sie mit ihren Lebenspartnern/-partnerinnen und ihren Enkeln verbringen.
- Väter ab 50 aufgepasst: Viele deutsche Großeltern erfahren von der Geburt ihres ersten Enkelkindes kurz nach dem 50. Geburtstag. Die Wahrscheinlichkeit, vor dem 50. Geburtstag Oma oder Opa zu werden, beträgt aber immerhin noch 39 Prozent.
- Rund 46 Prozent aller ersten Enkelkinder werden geboren, wenn die Großeltern zwischen 50 und 60 Jahre alt sind.
- 20 Prozent der Großväter sind allerdings schon über 60 Jahre alt, wenn sie das erste Enkelkind begrüßen.
- Kinder entwickeln sich am besten, wenn sie von mehreren Bezugspersonen umgeben sind. Die Mindestanzahl der Bezugspersonen für eine ideale Entwicklung liegt bei drei.

IN JEDEM MANN STECKT EIN HEIMWERKER

- In Deutschland existieren etwas mehr als eine Million professionelle Handwerksbetriebe. Ihnen gegenüber stehen Baumarktkunden in einer Anzahl im zweistelligen Millionenbereich. Allein die fünf größten Baumarktketten Deutschlands hatten 2019 einen Umsatz von 16,1 Milliarden Euro.
- Bilder leicht bekleideter Frauen und solche von Werkzeugen wie Schraubenschlüsseln regen in Gehirnen von Männern dieselben Areale an – die Bereiche, die der Handlungsvorbereitung dienen. Dies ergaben Hirnscans aus Untersuchungen der US-amerikanischen Psychologin Susan Fiske.
- Kaum zu glauben, aber wahr: Lampen, Steckdosen und Lichtschalter dürfen nur vom Elektro-Fachmann angeschlossen, gewechselt oder repariert werden. So schreibt es § 13 der Niederspannungsanschlussverordnung (NAV) vor.
- Väterliche Heimwerker können allerdings aufatmen: Das Vergehen ist keine Straftat, wird nicht geahndet. Kommt es aber zu einem Schaden, genießt man keinen Versicherungsschutz.

NA DANN PROST!

- 4,3 Millionen Deutsche trinken Alkohol am Arbeitsplatz.
- Gesundheitlich bedenklich: Deutsche Männer konsumieren mit 16,8 Litern reinem Alkohol im Jahr mehr als das Doppel-

te wie Frauen (7 Liter). Das beliebteste alkoholische Getränk ist Bier.

- 49 Prozent aller Männer geben an, eine Bierflasche mit einem Feuerzeug öffnen zu können.
- 17 Prozent benötigen als Hilfsmittel nichts weiter als eine andere Bierflasche und 8 Prozent schaffen es sogar mit ihrem Schlüsselbund.
- Nicht nur gestresste Väter trinken gern ein wenig mehr. Untersuchungen an Mäusen zeigen, dass sich die an Alkohol gewöhnten Tiere nach belastenden Erlebnissen eine höhere Dosis gönnten.
- Viele Lebensmittel enthalten Alkohol in messbarer Menge:

Apfelsaft	ca. 0,4 %
Brot	ca. 0,3 %
Kefir	0,2 % bis 2 %
Malzbier	0,5 % bis 2 %
reife Bananen	etwa 1 %
Sauerkraut	ca. 0,5 %
Traubensaft	bis zu 0,6 %

Schön zu hören für den trinkenden Vater: Wein ist gesund. Eine niederländische Forschergruppe untersuchte die Trinkgewohnheiten von 1373 Männern über einen Zeitraum von 40 Jahren. Diejenigen, die täglich 20 Gramm Alkohol konsumierten, lebten durchschnittlich 2,3 Jahre länger als die Nichttrinker. Die Weintrinker lagen hierbei vorn: Sie verlängerten ihre Lebenszeit genussvoll um fünf Jahre.

- Noch mehr Begeisterung bei allen, die einen edlen Tropfen schätzen, werden die Ergebnisse einer dänischen Forschergruppe hervorgerufen haben, die feststellte, dass sieben(!) Gläser Wein pro Tag gesundheitsfördernd seien, und das, obwohl andere Studien die Gesundheitsschädlichkeit auch geringer Mengen Alkohol betonen.

MÄNNER UND DAS AUTO

- Jährlich legen die Deutschen rund 900 Milliarden Kilometer mit dem Auto zurück. Das sind rund 11 000 Kilometer pro Bundesbürger und Jahr. Zwei Drittel aller gefahrenen Kilometer werden von Männern gefahren.
- Alte Männer in schnellen Autos sind kein gesellschaftliches Klischee. Tatsächlich ist der durchschnittliche männliche Käufer bei Porsche über 60 Jahre alt.
- Am meisten fühlen sich Männer am Steuer von langsamen Fahrzeugen und schlecht geschalteten Ampeln genervt.
- Nicht nur unter der Dusche, auch im Auto singen Männer gerne. Nach Angaben des ADAC tut dies rund die Hälfte aller Männer, allerdings nur, wenn sie allein im Auto unterwegs sind.
- Eine Forsa-Umfrage bei 1000 Männern zwischen 19 und 35 Jahren ergab, dass die befragten Männer die Filmfigur James

Bond weniger um seine vielen Frauen als um seine schönen Autos beneiden.

- Rund 80 Prozent aller Punkte in Flensburg gehen auf das Konto von Männern. Auf Platz 1 der beliebtesten Vergehen im Straßenverkehr steht die Geschwindigkeitsüberschreitung.
- Auf Platz 2 folgt bei den Männern Alkohol am Steuer. Missachtung der Vorfahrt nimmt den dritten Platz ein. Bei Frauen sind Platz 2 und 3 vertauscht.
- Besonders erschreckend: 15 Prozent aller Männer geben zu, alkoholisiert Auto zu fahren. Bei Frauen sind es 6 Prozent.
- Die beliebteste Automarke deutscher Männer ist BMW. Frauen bevorzugen Volkswagen.
- Für die Finanzierung ihres Traumwagens greifen Männer doppelt so häufig wie Frauen zu einem Kredit.

KRANKHEIT

- Frauen erkranken weitaus häufiger an Brustkrebs als Männer. Männer hingegen erkranken wesentlich häufiger an Hautkrebs als Frauen. Der Haut des Mannes fehlen Antioxidantien, die eine Tumorbildung unterbinden könnten.

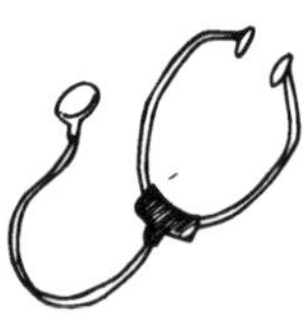

EFFEKTIVES DOPPELPACK: DIE ELTERN

Schon zu zweit (oder zu dritt) gestaltet sich das Zusammenleben in einer Beziehung alles andere als einfach – Menschen sind komplexe Wesen mit komplizierten Vorstellungen, aus denen sich manchmal vertrackte Probleme entwickeln. Zwar hat Mutter Natur für eine ordentliche biologische Grundausstattung gesorgt, aber das macht die Sache nicht immer einfacher …

PARTNERSCHAFT UND FAMILIENGRÜNDUNG

- Drum prüfe, wer sich ewig bindet. Männer sind in Paarbeziehungen am glücklichsten. Aber nur, solange sie nicht heiraten.
- Paare mit einem geringen Altersunterschied haben die besten Chancen auf eine glückliche und lang anhaltende Verbindung. Ein Altersunterschied von fünf Jahren führt laut einer Studie von Randal Olson von der Michigan-State-Universität zu einer um 18 Prozent erhöhten Trennungswahrscheinlichkeit.
- Die Studie kommt auch zu den folgenden Erkenntnissen: 10 Jahre Altersunterschied erhöhen das Trennungsrisiko um 39 Prozent, 20 Jahre schon um 95 Prozent und 30 Jahre sogar um 172 Prozent. Beruhigend ist allerdings, dass das Trennungsrisiko deutlich absinkt, wenn ein solches ungleiches Paar zwei zufriedene Jahren hinter sich gebracht hat.
- Widersprüchlich? Männer mögen es jünger: Der für Männer ideale Altersunterschied zu ihrer Frau beträgt sechs Jahre. In

diesen Beziehungen sind Männer statistisch betrachtet am zufriedensten.

- Eine Umfrage unter jungen Deutschen beiderlei Geschlechts ergab, dass über 90 Prozent von ihnen eine Familiengründung anstreben.
- Laut einer Befragung des Allensbacher-Instituts gaben 55 Prozent aller befragten jungen Männer an, Kinder und Partnerschaft seien für sie zwingend erforderlich, um glücklich zu sein.
- Eine andere Umfrage: 78 Prozent aller Jugendlichen wollen einen Partner, dem sie voll vertrauen können, 67 Prozent wollen ein gutes Familienleben führen.
- Wie das Statistische Bundesamt ermittelte, sind Männer bei der Geburt ihres ersten Kindes im Schnitt 34 Jahre alt. Bei Frauen liegt das Durchschnittsalter bei 31 Jahren. In den letzten Jahrzehnten ist das Alter, in dem Eltern ihr erstes Kind bekommen, kontinuierlich gestiegen.

SCHLAFEN

- Die meisten Männer lassen ihre Frau links liegen, zumindest im Ehebett. Hier schläft der Mann in Deutschland nämlich meist auf der rechten Seite. Traditionalisten führen das auf das Mittelalter zurück – der Mann muss die Schwerthand frei haben. Demnach müssten Linkshänder auch links schlafen.
- In Deutschland wird der Ehering traditionell auf der rechten

Seite getragen. Verlobungsringe schmücken hingegen meist die linke Hand. International ist dies von Nation zu Nation verschieden; das Tragen an der rechten Hand ist eher deutsche und osteuropäische Tradition.

- Eine Studie ergab, dass fast 40 Prozent aller US-amerikanischen Paare in getrennten Betten schlafen. Die Studie untersuchte ebenfalls das Zufriedenheitsgefühl der Beziehungen und verglich Paare mit gemeinsamen und getrennten Betten. Es stellte sich heraus, dass Paare mit getrennten Betten mit ihrer Beziehung nicht weniger zufrieden waren als die, die jede Nacht in einem Bett verbringen.
- Einen großen Einfluss hat die Wahl des Schlafortes auf die Schlafqualität. Wer in getrennten Betten schläft, wacht deutlich erholter auf. In Deutschland schlafen rund 90 Prozent aller Paare gemeinsam in einem Bett.
- Die ersten Ikea-Möbelhäuser öffneten in den späten 1970er-Jahren. In Europa wurde etwa jedes zehnte Kind in einem Bett von Ikea gezeugt. In Großbritannien sind es vermutlich sogar 20 Prozent aller Kinder.
- Irritierend ist, dass Ikea 2014 ein Kinderbett namens »Gutvik« anbot, dessen Produktname im Deutschen obszön klingt, aber eigentlich nur der Name einer norwegischen Ortschaft ist. Ansonsten benennt Ikea seine Schreibtische und Stühle nach Männern. Stoffe und Gardinen werden nach Frauen benannt. Ikeas kuriose Namenswahl sollte seinem Gründer Ingvar Kamprad helfen, die Bezeichnungen schneller zu entziffern. Er litt an einer Leseschwäche.

SEX

Man(n) und frau wissen eine Menge darüber. Ohne das Thema Sex funktionieren die Medien nicht. Und das nicht nur bei Boulevardblättern und im Privatfernsehen, sondern in nahezu jedem Bereich des menschlichen Lebens. So sind wir eben gestrickt – vor allem die Männer. Allerdings sieht das erotische Paradies, in dem wir zu leben glauben, überraschend anders aus, wenn man genauer hinschaut.

Wilde Leidenschaft?

- Männer haben im Herbst am meisten Lust auf Sex. Besonders am Morgen. Forscher der Ludwig-Maximilians-Universität München fanden heraus, dass die für Zärtlichkeit und Lust verantwortlichen Bereiche des Gehirns im Herbst am besten durchblutet sind.
- »Let me entertain you«? Jedem Zwanzigsten ist es bereits passiert, dass seine Partnerin beim Sex eingeschlafen ist.
- Jeder dritte Mann gab an, dass er sich über sein Leibgericht mehr freuen würde als über Geschlechtsverkehr mit seiner Partnerin. Diese Aussage war allerdings stark vom aktuellen Hungergefühl abhängig.
- Hungrige Männer reagieren auf Bilder dicker Frauen positiver als satte Männer. Der Grund dafür ist wissenschaftlich noch nicht ermittelt.
- In einer Umfrage waren 50 Prozent der britischen Männer

bereit, ein halbes Jahr auf Sex zu verzichten, wenn sie dafür einen 50-Zoll-Fernseher bekommen würden. Nicht gefragt wurde allerdings, inwiefern die Bildschirmgröße die Zustimmung beeinflusst. Oder würden Sie bei 15 Zoll länger überlegen?

- Mehr als 50 Prozent aller Männer könnten beim Sex auf Küsse verzichten.
- Ehefrauen aufgepasst: In einer Umfrage gaben drei Viertel aller befragten Männer an, sie würden sofort mit ihrer Chefin schlafen, wenn dies ihre Karriere voranbringen würde. Von den befragten Frauen gab nur jede zehnte an, sie würde ihre Karriere mit einem Schäferstündchen fördern. Bei den über 30-jährigen Frauen ist es sogar nur jede zwanzigste.
- Der Weltrekord für die meisten Orgasmen innerhalb einer Stunde liegt für Frauen bei 134. Für Männer liegt er mit 16 Orgasmen deutlich darunter.
- Eine Frau braucht durchschnittlich 11 Minuten, um beim Sex zum Orgasmus zu gelangen. Das Problem: Bei Männern sind es nur 4 Minuten. Aus der Sicht des zukünftigen Vaters muss man allerdings anmerken, dass der weibliche Orgasmus für die Zeugung eines Kindes nicht unbedingt notwendig ist. Förderlich hingegen schon.
- Erfurter haben in Deutschland mit 13 Minuten am längsten Sex. Hamburger sind mit 11 Minuten und 15 Sekunden um etwa 13 Prozent schneller.
- 50 Prozent aller befragten Männer gaben an, dass sie sich mehr Sex wünschen, als sie haben.

- Doch lieber keine Kinder? Verhütung ist nicht erst in der Neuzeit ein Thema. Im Altertum nutzte man zum Beispiel Schafsdärme als Kondome. Im alten Ägypten verhütete man – kaum vorstellbar – mit Krokodil-Dung. Der Kontakt mit darin enthaltenen Substanzen blockiert tatsächlich die Beweglichkeit von Spermien.
- Ein Drittel aller Männer behauptet, bis zu vier Mal in der Nacht Sex haben zu können. Etwa 8 Prozent aller Männer schlafen täglich mit ihrer Partnerin.
- 30 Prozent aller befragten Frauen über 80 Jahren gaben an, immer noch Sex zu haben. Mit ihrem Ehemann ... oder einer Affäre. Bei unverheirateten Frauen geht der Anteil ab 80 Jahren gegen null.
- Sex ist gesund und verlängert das Leben. Im Schnitt leben Männer, die zweimal pro Woche sexuell aktiv sind, zwei Jahre länger. Das Risiko für Herz-Kreislauf-Erkrankungen sinkt bei sexueller Aktivität um 50 Prozent. Auch das Risiko für Prostatakrebs, bei Männern die dritthäufigste Krebserkrankung, sinkt durch regelmäßigen Sex um circa 20 Prozent.

Sex, akustisch

»Ich komme!«, ruft beim Sex nicht jeder Mann auf der Welt. Wie klingt es in den Betten anderer Länder?

- Das »Oh my God!« der Amerikaner ist weitgehend bekannt.
- Russen rufen: »Ich werfe einen Balken!«

- Bei Japanern ist »Ich gehe!« der Ausdruck der Wahl – vermutlich ins Nirwana.
- In Rumänien endet der männliche Sex mit »A termina!«, übersetzt etwa: »Ich habe fertig!«

ZUFRIEDENHEIT

- Soziologen fanden heraus, dass für die Stabilität einer Beziehung die Zufriedenheit der Frau wichtiger ist als die des Mannes. Ist ein Mann unzufrieden, schluckt er seinen Frust oft einfach herunter und das Leben geht weiter. Ist eine Frau unzufrieden, lässt sie es ihren Mann spüren. In der Folge sind beide unzufrieden und die Beziehung leidet. Ist die Frau aber glücklich, sorgt sie dafür, dass auch ihr Mann glücklich ist.
- Den Kopf in den Sand zu stecken, ist für doppelt so viele Männer wie Frauen eine Option zur Lösung von Konflikten.

ELTERN-REKORDE

… und vorab einige Eckdaten, damit Sie die im Weiteren folgenden Rekorde besser einordnen können:

- Das durchschnittliche Neugeborene kommt in Deutschland nach einer Schwangerschaftsdauer von 268 Tagen zur Welt.

- Das Durchschnittsgewicht eines neugeborenen Babys beträgt etwa 3500 Gramm.
- 51,3 Prozent aller Neugeborenen sind Jungen, dementsprechend 48,7 Prozent Mädchen.
- Statistisch gesehen hat ein Neugeborenes 0,5 Geschwister.
- Der jüngste bekannte Vater der Welt ist der Brite Sean Stewart. Er war zum Zeitpunkt der Zeugung seines Kindes 11 Jahre alt. Im Jahr 1998 gebar ihm seine 16-jährige Freundin Emma einen Sohn mit dem Namen Ben. Emma gab an, nichts vom jungen Alter ihres Freundes gewusst zu haben.

Nun zu den Höchstleistungen:

- Das wohl erfolgreichste Elternpaar waren der russische Bauer Fjodor Wassiljew und seine Ehefrau. Fjodor zeugte in den 40 Jahren zwischen 1725 und 1765 insgesamt 69 Kinder – wohlgemerkt mit derselben Frau, darunter viermal Vierlinge, siebenmal Drillinge und 16-mal Zwillinge. Die insgesamt 27 Schwangerschaften hat das Kloster Mikolskaja dokumentiert. Immerhin 67 der 69 Kinder überlebten das Säuglingsalter.
- Die bisher älteste Mutter heißt Rajo Devi Lohan und kommt aus Indien. Nach 70 Jahren ohne Kindersegen entschied sie sich 2008 für eine künstliche Befruchtung, ihr Baby kam im selben Jahr zur Welt – zu diesem Zeitpunkt war die Mutter 70 Jahre alt und damit die älteste Erstgebärende.
- Die umfangreichste Mehrlingsgeburt, nämlich die von Zehnlingen, soll es gleich in drei Fällen gegeben haben. Im Zeh-

nerpack kam der Nachwuchs 1924 in Spanien, 1936 in China und 1946 in Brasilien zur Welt. Nachprüfbar dokumentiert sind diese Fälle allerdings nicht.

- Ein anderer Rekord: Alle Kinder einer Geburt von Achtlingen in Kalifornien im Jahr 2009 – sechs Jungen und zwei Mädchen – haben überlebt. Ihre alleinerziehende Mutter Nadya Suleman zieht außerdem sechs weitere Kinder groß.
- Das schwerste Neugeborene ist das Kind einer Mutter von ungewöhnlicher Körpergröße: 1879 brachte die 2,27 m große Kanadierin Anna Bates in Ohio einen Jungen zur Welt, der 10,8 Kilogramm wog. Leider starb das Neugeborene 11 Stunden nach der Geburt. Hingegen überlebte 1955 das 10,2 Kilogramm schwere Baby einer italienischen Mutter in Aversa, Mittelitalien.
- Das leichteste Neugeborene der Welt ist ein Mädchen namens Emilia aus Witten. Das Mädchen wurde 2015 nach 26 Wochen Schwangerschaft mit einem Gewicht von 229 Gramm geboren. Der leichteste Junge weltweit, der eine so frühe Geburt überlebt hat, wog 275 Gramm und erblickte 2009 in der Göttinger Universitätsklinik das Licht der Welt.
- Normalerweise liegen zwischen der Geburt von Zwillingen nur ein paar Minuten. Liana und Leonie kamen im Abstand von 97 Tagen auf die Welt. Liana erblickte am 17. November 2018 das Licht der Welt, ihre Zwillingsschwester Leonie zog es vor, bis zum 22. Februar 2019 im Bauch der Mutter zu bleiben. Beide Mädchen sind gesund und munter.

ELTERNZEIT

- Früher wurde der Begriff »Mutterschaftsurlaub« für die Freistellung zur Kindererziehung verwendet. Später ersetzte man diese Bezeichnung zunächst durch den Begriff »Erziehungsurlaub« und letztlich wurde daraus »Elternzeit«.
- In vielen Ländern Europas haben auch Väter das Recht auf einen sogenannten Vaterschaftsurlaub. In Deutschland besteht jedoch lediglich die Möglichkeit, die Elternzeit unter den Partnern aufzuteilen.
- Immer häufiger nehmen sich auch Männer nach der Geburt ihres Kindes eine Auszeit vom Job. Meist dauert diese jedoch nicht länger als zwei Monate.

WEIHNACHTEN

- Weihnachtsgeschenke kann man sowohl offline als auch online kaufen. Im Rahmen der myToys-Weihnachtsumfrage aus dem Jahr 2016 gaben bloß 16 Prozent der befragten Eltern an, ihre Geschenke ausschließlich im Laden zu kaufen.
- Etwas mehr als doppelt so viele Eltern machten sich fast ausschließlich online auf die Suche nach dem perfekten Weihnachtsgeschenk für ihre Liebsten.
- Für die restlichen 50 Prozent aller Eltern gehört das Shopping im Laden zur Weihnachtszeit dazu. Sie suchen Weihnachtsgeschenke sowohl im Internet als auch im Geschäft.

- Der Wunschzettel zu Weihnachten ist immer noch beliebt. In einer Umfrage gaben 75 Prozent aller befragten Eltern an, beim Geschenkekauf nach den Wünschen ihrer Kinder vorzugehen.
- 36 Prozent der Eltern wissen sogar ganz genau, welches Produkt sie ihren Kindern kaufen werden.
- 70 Prozent aller Eltern wünschen sich nach der Weihnachtsumfrage 2016 des Spielzeughändlers myToys zu Weihnachten vor allem, mehr Zeit mit ihren Kindern verbringen zu können. Etwas mehr als 70 Prozent aller befragten Eltern wünschten sich aber auch etwas anderes: einen Lottogewinn – Platz 1 für das große Geld.

SCHEIDUNG

- Scheidungen sind ungesund, sie verkürzen das Leben – so das Ergebnis einer Studie von Wissenschaftlerinnen des Rostocker Zentrums zur Erforschung des Demografischen Wandels aus dem Jahr 2008. Ein geschiedener deutscher Mann verliert 9,3 Jahre Lebenszeit, eine geschiedene deutsche Frau sogar 9,8 Jahre.
- Eine etwas in die Jahre gekommene Studie der Ökonomen Gordon Dahl und Enrico Moretti aus dem Jahr 2003 stellte fest, dass die Eltern von Töchtern sich mit 5 Prozent höherer Wahrscheinlichkeit scheiden lassen als die Eltern eines Jungen. Die Wahrscheinlichkeit erhöht sich auf 10 Prozent, wenn zur Familie drei Töchter gehören.

- Eine Langzeitstudie des Sozioökonomen Nicholas A. Christakis und des Sozialwissenschaftlers James H. Fowler aus dem Jahr 2009 gibt zu der Vermutung Anlass, dass Scheidungen quasi infektiös sind: Besteht direkte Nähe zu einem geschiedenen Paar im Freundes- oder Bekanntenkreis, steigt unsere eigene Scheidungswahrscheinlichkeit um 75 Prozent. Scheidungen im entfernten Bekanntenkreis verursachen immerhin noch eine Erhöhung des Risikos um satte 33 Prozent.
- Die Großstadt ist offenbar Gift für ein gesundes Eheleben: Paare, die nach ihrer Hochzeit in der Stadt wohnen, lassen sich mit 23 Prozent höherer Wahrscheinlichkeit scheiden als andere Paare, die nach der Eheschließung in einen grünen Vorort oder aufs Land ziehen. Der niederländische Sozialökonom Pieter Gautier von der Universität Amsterdam gewann diese Erkenntnis bei der Auswertung der Daten einer dänischen Langzeitstudie.
- Für Ehen, in denen die Frau die Rolle des Alleinverdieners innehat, besteht ein erhöhtes Scheidungsrisiko – so das Ergebnis einer Auswertung von Daten aus dem Zeitraum 1984–2000 durch Kornelius Kraft und Stefanie Neimann vom Forschungsinstitut zur Zukunft der Arbeit (IZA) im Jahr 2009. Die Zahl der Scheidungen war in Haushalten signifikant erhöht, in denen eine Frau der Alleinverdiener war.
- Im Urteil über Expartner unterscheiden sich Männer und Frauen deutlich. Wie ein deutsch-italienisches Forscherteam um Linda Charvoz von der Uni Freiburg 2009 ermittelte, bezeichneten Frauen ihre Exmänner sowohl als körperlich als auch in-

tellektuell unattraktiver als sich selbst. Männer hingegen fanden ihre Exfrau körperlich attraktiver als sich selbst, ordneten ihre eigene Person aber als intellektuell höherwertig ein.

- Scheidungskinder haben unter erheblichen Folgen zu leiden, wie diverse Studien belegen. Jungen sind insbesondere mit dem Problem konfrontiert, ihre Aggressionen im Zaum zu halten, verschlechtern sich in den Schulleistungen und können keinen Freundeskreis aufbauen. Außerdem haben sowohl Mädchen als auch Jungen Schwierigkeiten, Zielsetzungen für ihren Lebensweg zu finden. Scheidungskinder schlagen sich häufiger mit Aushilfsjobs durch. Außerdem macht die Scheidung der Eltern einen Herzinfarkt im späteren Lebensweg der Kinder deutlich wahrscheinlicher.
- Das Produkt von Scheidungen sind häufig Patchwork-Familien. Insgesamt beträgt der Anteil von Patchworkfamilien, in denen mindestens ein Stiefvater oder eine Stiefmutter lebt, in Deutschland zwischen 7 und 13 Prozent.
- Nicht nur Stiefmütter haben es schwer: Die Angst vor Stiefvätern wird als Vitricophobie bezeichnet. Die Angst vor Stiefmüttern nennt sich Novercaphobie.
- Besondere Sitten in Sachen Scheidung pflegt Saudi-Arabien: Lange Zeit reichte es dort für die sofortige Aufhebung der Ehe aus, wenn der Mann einfach die Scheidung einreichte. Seine Ehefrau wurde nicht einmal informiert. 2019 jedoch kam es in dem islamischen Staat zu einer Reform: Frauen werden zukünftig per SMS vom Justizministerium über ihre Scheidung informiert.

EMANZIPATION: DER GERECHTE HAUSHALT

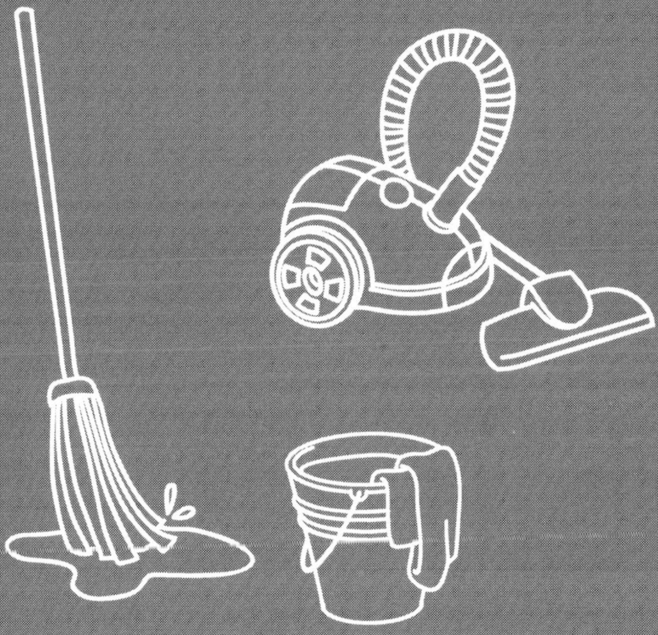

So banal es auch sein mag: Neben Eifersuchtskrisen sind Beziehungen und Ehen in besonderer Weise durch chaotische Verhältnisse in der Haushaltsorganisation gefährdet. Nichts wirft ein Paar schneller aus der Bahn als der Streit um den übervollen Mülleimer, den Umgang mit der Spülmaschine und andere hauswirtschaftliche Krisengebiete.

GLEICHBERECHTIGUNG?

- Männer haben morgens bessere Laune als Frauen. Vielleicht liegt die Ursache darin, dass nur 5 Prozent von ihnen sich vor der Arbeit um den Haushalt kümmern müssen (Frauen: 28 Prozent).
- In einer Umfrage gaben zwei von drei Männern zwischen 16 und 29 Jahren an, dass sie sich wünschen würden, dass sich ihre Partnerin an ihrer Stelle um den Haushalt kümmert.
- Kommt die Ehe, geht die Mühe? Unverheiratete Männer beteiligen sich mit größerem Aufwand an der Haushaltsführung als verheiratete.
- Insgesamt verbringen Frauen am Tag vier Stunden und 29 Minuten mit Arbeiten im Haushalt.
- Heutzutage sind 60 Prozent der jungen Männer in der Küche aktiv. Am seltensten findet man dort Männer ab 60 Jahren oder Frauen um die 30 Jahre.
- 46 Prozent der in einer Untersuchung befragten Väter verbringen ihre freie Zeit mit entspannenden Tätigkeiten, ver-

mutlich zum größten Teil auf dem Sofa, während sich ihre Partnerin um den Haushalt und das Kind oder die Kinder kümmert.

- Haben Mütter einen freien Tag, nutzen nur 16 Prozent die Zeit für Erholung.
- Insgesamt gönnen sich Väter täglich rund 101 Minuten Erholungszeit, während es bei den Müttern nur zwischen 46 und 49 Minuten sind.
- Für 35 Prozent der Männer ist es kein Problem, ihrer Liebsten beim Hausputz zuzusehen, während es im umgekehrten Fall gerade mal 16 Prozent der Frauen schaffen, den Mann alleine putzen zu lassen.
- Die Wäschepflege ist bei zusammenlebenden Männern und Frauen sehr ungleich verteilt. Frauen wenden für die Wäschepflege täglich eine halbe Stunde auf. Männer kommen nur auf zwei Minuten. Das reicht gerade aus, um die schmutzige Kleidung in den Wäschekorb zu werfen.
- Eine Untersuchung der Universität von Kalifornien ergab, dass Männer, die ihrer Frau im Haushalt helfen, rund 50 Prozent mehr Sex haben.
- Auch Kinder haben Pflichten: Gemäß § 1619 des Bürgerlichen Gesetzbuches sind Kinder verpflichtet, ihren Eltern im Haushalt zu helfen, solange sie zu Hause wohnen. Die Pflicht zur Mithilfe beginnt ab dem 14. Lebensjahr. Das Gesetz lässt sich gegenüber den eigenen Kindern allerdings nicht durchsetzen. Von Bedeutung ist es nur, wenn dem eigenen Kind etwas zustößt und es deshalb nicht mehr im

Haushalt helfen kann. Eltern könnten in diesem Fall versuchen, vom Verursacher des Unglücks Schadenersatz wegen der fehlenden Arbeit zu verlangen, die das Kind nun nicht mehr erledigen kann.

EINKAUFEN

- Fakt ist, völlig unabhängig vom Geschlecht: An einer Supermarktkasse steht man in Deutschland im Durchschnitt sieben Minuten.
- Trotz aller Emanzipation – oder gerade deswegen – übernehmen noch immer die Frauen zu etwa 70 Prozent die Einkäufe für den Haushalt.
- Frauen nehmen die Waren im Supermarkt mit etwa 10 bis 15 Prozent höherer Aufmerksamkeit und deutlich detaillierter wahr als Männer, wie mehrere Studien ergaben. Männer kaufen schneller und oberflächlicher ein.
- Männer und Frauen unterscheiden sich deutlich in der Bedürfnisstruktur. Frauen achten beim Einkauf mehr auf Gesundheit, Kalorien und Schönheit. Wenn Männer einkaufen, achten sie mehr auf den Preis des Produkts und die praktischen Folgen für die Arbeit im Haushalt. Während es meist noch immer die Frauen sind, die kochen und entsprechend frische und gesunde Lebensmittel einkaufen, haben Männer oft nur die problemlose und schnelle Zubereitung im Blick.

- Die Aufmerksamkeit für Drogeriemarkt und Putzmittel ist bei Männern deutlich weniger ausgeprägt als bei Frauen. Das vielfältige Sortiment in Supermärkten in diesem Bereich irritiert sie eher.
- Ins Bild passt: Männer kaufen an Tankstellen doppelt so viele Lebensmittel wie Frauen.

DIE ARBEITSTEILUNG IM HAUSHALT

Von einer Gleichstellung von Mann und Frau im Haushalt kann keineswegs die Rede sein. Im Rahmen des Projekts »Beziehungen und Familienleben in Deutschland« fanden Forschende folgende Eckdaten über die Haushaltstätigkeit heraus, die der moderne Vater kennen sollte, um sein Verhalten gegebenenfalls zu korrigieren.

Tätigkeit wird erledig	von der Frau in Prozent	vom Mann in Prozent	von beiden gemeinsam in Prozent
allgemeine Hausarbeit	64,7	3,6	31,8
einkaufen	42,1	12,4	45,4
Finanzielles	27,4	48,4	24,2
Kinderbetreuung	60,2	2,3	37,5
Reparaturen im Haushalt	4,6	82,9	12,5

DAS BISSCHEN HAUSHALT …

Gleichgültig, wer nun die Arbeit macht: Die technische Ausstattung deutscher Haushalte lässt kaum etwas zu wünschen übrig. Die Geräte sind aber, wenn man es genau betrachtet, nicht alle geschlechtsneutral. Noch fehlt es an Untersuchungen, doch vermutlich wird Ihre Lebenserfahrung die folgende Liste bestätigen – die Prozentzahlen geben an, wie die Verbreitung in den Haushalten 2019 war:

- Telefon (100 %) – bevorzugt weiblich genutzt
- Kühlschrank (99,9 %) – mit männlichem Krisenpotenzial
- Fernseher (97,8 %) – geschlechtsneutral
- Waschmaschine (96,4 %) – weibliche Domäne, da sonst rosa Unterhosen
- Internetanschluss (91,1 %) – geschlechtsneutral
- PC (90 %) – geschlechtsbedingt mit unterschiedlichen Nutzungsschwerpunkten
- Kaffeemaschine (84,7 %) – geschlechtsneutral
- Fahrrad (79,9 %) – geschlechtsneutral
- Pkw (78,4 %) – häufig männliche Domäne
- Spülmaschine (71,5 %) – häufig weibliche Domäne wegen männlicher Fehlbedienung

ES IST UNTERWEGS!

Das freudige Ereignis wirft seine Schatten voraus und verändert das Leben der Zweierbeziehung, schon bevor es ein Familienmitglied mehr geben wird.

SCHWANGERSCHAFT

Ergänzen Sie Ihr Schwangerschaftswissen!

- In der Schwangerschaft verändert sich nicht nur der Hormonhaushalt der Frau: Frauen bilden Pheromone, die für die Entstehung von elterlichen Instinkten ihrer Männer mitverantwortlich sind. Die Pheromone verändern den Hormonhaushalt des Mannes und drosseln sein Testosteron.
- Eine der Folgen: Auch Männer nehmen während der Schwangerschaft ihrer Partnerin zu. Durchschnittlich vier Kilogramm. Ursache soll laut Forschern ein auch bei Männern in der Schwangerschaft ihrer Partnerin veränderter Hormonhaushalt sein. Vielleicht kommt auch einfach mehr Essen auf den Tisch.
- Durch Stimulation der Brustwarzen können bei einer schwangeren Frau Wehen ausgelöst werden. Warum das so ist, ist wissenschaftlich noch nicht vollständig geklärt. Es wird vermutet, dass dadurch das Wehenhormon Oxytocin freigesetzt wird.
- Ein ähnlicher Effekt lässt sich feststellen, wenn das Baby an der Brust der Mutter saugt. Dadurch werden Nachwehen ausgelöst, die die Rückbildung der Gebärmutter fördern.

GEBURTENRATE

- Wenn Frauen in ihrem Leben durchschnittlich 2,1 Kinder bekommen, ist die Einwohnerzahl eines Landes langfristig gesichert. Die Geburtenziffer deutscher Frauen betrug im Jahr 2018 jedoch nur 1,57.
- Eine Geburtenziffer von mindestens 2,1 gab es sowohl in West- als auch in Ostdeutschland zuletzt in den 1970er-Jahren. Seit den 1960er-Jahren sinkt die Geburtenziffer in ganz Deutschland kontinuierlich.
- Die höchste Geburtenziffer der Welt findet sich in Niger in Westafrika. 2016 bekam hier jede Frau in ihrem Leben im Schnitt 6,62 Kinder. Die niedrigste Geburtenziffer findet sich mit 0,82 im Jahr 2016 in Singapur.

STAMMHALTER

- Rund die Hälfte aller befragten US-Amerikaner gab an, sich als erstes Kind einen Jungen zu wünschen. Nur rund 21 Prozent wünschten sich lieber eine erstgeborene Tochter. Die restlichen Befragten bevorzugten kein Geschlecht.
- Als Grund für den Wunsch nach einem Jungen gaben die Eltern an, sie würden sich von einem Jungen weniger Arbeitsaufwand versprechen. Auch erhofften sie sich, dass der erstgeborene Junge besser auf seine kleineren Geschwister aufpassen könne als ein Mädchen.

- 19 Prozent gaben an, sie würden sich schlicht einen Stammhalter wünschen, mit dem der Familienname weiterlebt.

MEHRLINGSGEBURTEN

- Eine von 85 Geburten in Deutschland ist eine Zwillingsgeburt. Das entspricht einer Wahrscheinlichkeit von 1,2 Prozent. Die Wahrscheinlichkeit für Drillinge ist mit 0,01 Prozent wesentlich geringer.
- Nicht überall auf der Welt werden gleich viele Mehrlinge geboren. In manchen afrikanischen Stämmen ist die Quote viermal so hoch wie in Deutschland. Ursache dafür soll auch die andere Ernährung sein.
- Rund 40 Prozent der Zwillinge und Mehrlinge entwickeln eine eigene Sprache für den ausschließlichen Austausch untereinander. Die Qualität der erdachten Sprachen ist dabei sehr unterschiedlich. Viele verständigen sich untereinander mit Blicken und wissen sofort, was ihr Geschwister ihnen sagen will. Andere entwickeln sogar eigene Vokabeln für Teddybär und Co., von denen ihre Eltern nichts verstehen.
- Übrigens: Der Bundespräsident übernimmt auf Antrag der Eltern eine Patenschaft für das siebte Kind einer Familie.

VORSICHT, VERWECHSLUNGSGEFAHR!

Neugeborene zu unterscheiden ist gar nicht so einfach – das wissen auch Mitarbeiter in Krankenhäusern. Dennoch werden weltweit jedes Jahr 4380 Kinder nach der Geburt verwechselt und den falschen Eltern übergeben.

KUCKUCKSKINDER

An der Mutter eines Kindes gibt es nur selten Zweifel – aber ist der Mann, der sich für den Vater hält, wirklich immer der biologische Erzeuger des Nachwuchses?

- Man geht heute davon aus, dass in Westeuropa rund zehn Prozent aller Neugeborenen Kuckuckskinder sind, die nicht vom Partner der Frau gezeugt worden sind.
- Gemäß § 1592 des Bürgerlichen Gesetzbuches gilt zunächst derjenige Mann als Vater des Kindes, der mit der Mutter zum Zeitpunkt der Geburt verheiratet ist.
- Erfährt der Mann jedoch von einer Affäre seiner Frau, hat er zwei Jahre Zeit, seine Vaterschaft anzufechten. Die Affäre der Frau wiederum kann die Vaterschaft des Ehemanns nur anfechten, wenn das Kind keine familiäre Bindung zu seinem gesetzlichen Vater hat.
- Zweieiige Zwillinge können von verschiedenen Vätern stammen. Nämlich dann, wenn jede Samenzelle von einem ande-

ren Mann befruchtet wurde. Dies nennt man eine heteropaternale Superfekundation.

NAMENSGEBUNG: SO KÖNNTE ES HEISSEN

Wie soll es heißen? Die Namensgebung beschäftigt angehende Eltern wie kaum ein anderes Thema, weil der Name wichtig ist. Es existiert eine rätselhafte Wechselwirkung zwischen Vorname und Persönlichkeit. Ob ein Junge Kevin oder Alexander heißt, ein Mädchen Chantalle oder Johanna, macht durchaus einen Unterschied. Auf den Eltern – speziell auf dem Vater – lastet eine große Verantwortung, denn jedes Kind bekommt einen Vornamen, kann ihn aber nicht selbst wählen. Vornamen unterliegen modischen Schwankungen, und genau das müssen Eltern sich bewusst machen, bevor Sie sich für einen Namen entscheiden. Dabei können die folgenden Informationen helfen.

Die beliebtesten Vornamen

Hier eine ebenso unentbehrliche wie unentgeltliche Dienstleistung für alle werdenden Väter: die beliebtesten Mädchen- und Jungennamen in Deutschland, Stand in etwa 2020. Auf eine Rangfolge wurde verzichtet, weil diese sich in relativ kurzen Zeitabständen ändert, die Ordnung ist alphabetisch:

Mädchen

Alina – Amelie – Anna – Antonia – Ava – Clara – Ella – Emilia – Emma – Frieda – Ida – Isabella – Johanna – Julia – Juna – Laura – Lea – Lena – Leonie – Lia – Lina – Mathilda – Marie – Maya – Mia – Mila – Nora – Sarah – Sophie

Jungen

Aaron – Alexander – Alwin – Anton – Ben – Daniel – David – Elias – Emil – Felix – Finn – Jakob – Jan – Jannis – Jonas – Jonathan – Julian – Leo – Leon – Levi – Liam – Linus – Louis – Lukas – Markus – Mats – Matteo – Maximilian – Michael – Milo – Noah – Paul – Philipp – Samuel – Simon – Theo – Thomas – Tim – Valentin

Die armen Kinder prominenter Mitmenschen

Prominenz verpflichtet offenbar zur Originalität, aber leider kennt die Selbstverwirklichung im Falle eines im Rampenlicht stehenden Prominenten keine Grenzen. Wenn Nachwuchs kommt, kann ein Junge nicht einfach Jonathan oder Alexander genannt werden und eine Tochter keinesfalls den simplen Vornamen Aurelia oder Isabelle tragen. Wie es den Kindern dabei ergeht, scheint nicht das vorderste Anliegen der prominenten Eltern zu sein.

Wie zugedröhnt oder aus sonstigen Gründen der Welt entrückt muss man als Vater oder Mutter sein, um seine Tochter mit Vornamen *Dylan* und seinen Sohn *Satchel* zu nennen? Dieses Unglück stieß den Kindern von Stadtneurotiker Woody Allen und Mia Farrow zu, als sie sich noch nicht wehren konnten. Tochter Dylan nennt sich inzwischen Eliza, Sohn Satchel (das bedeutet Schulranzen!) zieht für sich den Namen Ronan Seamus vor. Offizielle Statements über Elternhass gibt es allerdings nicht.

Weitere Opfer elterlich-egoistischer Kreativität:

- Amada Lee: Tochter von Eva Mendes und Ryan Gosling
- Amadeus Benedict Edley Luis: Sohn von Boris Becker und Lilly Kerssenberg
- Apollo Bowie Flynn: Sohn von Gwen Stefani und Gavin Rossdale
- Apple Blythe: Tochter von Gwyneth Paltrow und Chris Martin (Coldplay)
- Bear Blue: Sohn von Alicia Silverstone
- Bear Grey Payne: Sohn von Cheryl Cole und Liam Payne
- Bingham »Bing« Hawn: Sohn von Kate Hudson und Matt Bellamy
- Bluebell Madonna: Tochter von Geri Halliwell
- Bodhi Ransom: Sohn von Megan Fox und Brian Austin Green
- Bronx Mowgli: Sohn von Ashlee Simpson
- Buddy Bear Maurice: Sohn von Starkoch Jamie Oliver
- Coco Knox: Tochter von Ronan und Storm Keating
- Charlie Wolf: Tochter von Zooey Deschanel und Jacob Pechenik

- Chastity: Tochter von Cher (Chastity bedeutet Keuschheit)
- Cheyenne: Tochter von Uwe und Natascha Ochsenknecht
- Daisy Boo Pamela: Tochter von Starkoch Jamie Oliver
- Dandelion: Tochter von Keith Richards, nennt sich Angela
- Davina: Tochter von Carmen und Robert Geiss
- Delphine Malou: Tochter von Sarah Connor und Florian Fischer
- Denim Cole: Sohn von Toni Braxton
- Diezel Ky: Sohn von Toni Braxton
- Diva Thin Muffin Pigeen: Tochter von Frank Zappa
- Don Hugo: Sohn von Franziska van Almsick
- Duncan Zowie Haywood: Tochter von David Bowie
- Dweezil: Sohn von Frank Zappa
- Edie Knightley Righton: Tochter von Keira Knightley und James Righton
- Egypt Daoud Dean: Sohn von Alicia Keys
- Elijah Bob Patricus Guggi Quincy: Sohn von U2-Frontmann Bono
- Elsie Otter: Tochter von Zooey Deschanel und Jacob Pechenik
- Emma Tiger: Tochter von Til Schweiger
- Esmeralda Amada: Tochter von Eva Mendes und Ryan Gosling
- Ever Imre: Sohn von Alanis Morissette
- Fifi Trixibelle: Tochter von Bob Geldof
- Harper Seven: Tochter von David und Victoria Beckham
- Honor Marie: Tochter von Jessica Alba und Cash Warren

- Ireland: Tochter von Kim Basinger
- Jimi Blue: Sohn von Uwe und Natascha Ochsenknecht
- Joelina: Tochter von Ramona Middendorf und Jürgen Drews
- Journey River: Sohn von Megan Fox und Brian Austin Green
- Kal-el Cage: Sohn von Nicolas Cage, benannt nach dem Vater von Superman
- Kingston James McGregor: Sohn von Gwen Stefani und Gavin Rossdale
- Knox Léon: Sohn von Brad Pitt und Angelina Jolie
- Little Pixie : Tochter von Bob Geldof
- Luna: Tochter von Til Schweiger
- Maddox Chivan: Sohn von Brad Pitt und Angelina Jolie
- Michael: Tochter von Sting (nennt sich selbst Mickey)
- Mirabella Bunny: Tochter von Bryan Adams
- Mo Vito: Sohn von Franziska von Almsick
- Moon Unit: Tochter von Frank Zappa
- Moroccan Scott: Sohn von Mariah Carey und Nick Cannon
- Nahla Ariela: Tochter von Halle Berry
- Nicita Chaia Floria: Tochter von Jessica Stockmann
- North: Tochter von Kim Kardashian und Kanye West
- Ode Mountain: Sohn von Jena Malone und Ethan De Lorenzo
- Onyx Solace: Tochter von Alanis Morissette
- Paris Michael: Tochter von Michael Jackson
- Pax Thien: Sohn von Brad Pitt und Angelina Jolie
- Peaches Honeymoon: Tochter von Bob Geldof
- Petal Blossom Rainbow: Tochter von Starkoch Jamie Oliver

- Pilot Inspektor Riesgraf-Lee: Kind von Jason Lee und Beth Riesgraf
- Poppy Honey Rosie: Tochter von Starkoch Jamie Oliver
- Prince Michael I: Sohn von Michael Jackson
- Prince Michael II: Sohn von Michael Jackson
- Princess Tiaamii Crystal: Tochter von Katie Price
- Rocco Ernesto: Sohn von Verona und Franjo Pooth
- Rumer Glenn: Tochter von Bruce Willis und Demi Moore
- Sage Moonblood: Sohn von Silvester Stallone
- San Diego: Sohn von Verona und Franjo Pooth
- Scout LaRue: Tochter von Bruce Willis und Demi Moore
- Shania: Tochter von Carmen und Robert Geiss
- Shiloh Nouvel: Tochter von Brad Pitt und Angelina Jolie
- Silas Randal: Sohn von Jessica Biel und Justin Timberlake
- Speck Wildhorse: Sohn von John Mellencamp
- Strummer Newcomb Cook: Sohn von Julia Stiles und Preston J. Cook
- Summer Antonia Soraya: Tochter von Marc Terenzi und Sarah Connor
- Summer Rain: Tochter von Christina Aguilera und Matthew D. Ruttler
- Suri: Tochter von Tom Cruise und Katie Holmes
- Tallulah Belle: Tochter von Bruce Willis und Demi Moore
- Vivienne Marcheline: Tochter von Brad Pitt und Angelina Jolie
- Wilson Gonzales: Sohn von Uwe und Natascha Ochsenknecht

- Zahara Marley: Tochter von Brad Pitt und Angelina Jolie
- Zowie: Sohn von David Bowie
- Zuma Nesta Rock: Sohn von Gwen Stefani und Gavin Rossdale

Einen poetisch klingenden Vornamen erwischte die Tochter von Keith Urban und Nicole Kidman auf den ersten Blick: Sie heißt Sunday Rose. Allerdings bietet sich durch eine extreme klangliche Ähnlichkeit eine ziemlich gemeine Namensvariante an, unter der das Kind wohl gelitten haben dürfte wie der Autor unter Gulasch statt Golluch: Sunday Roast – auf Deutsch: Sonntagsbraten.

Noch ein paar weitere bedauernswerte junge Erdenbürger:

- Henry Günther Ademola Dashtu Samuel
- Johan Riley Fyodor Taiwe Samuel

Die bedauernswerten Jungen mit den langen und skurrilen Namen, die in keine Tabelle passen, sind die Söhne von Seal und Heidi Klum.

Aber es gibt noch Hoffnung, es scheint – wenn auch selten – manchmal zu Phasen klarer Einsicht zu kommen: Der Sohn von Christina Aguilera und Vater Jordan Bratman wurde schlicht Max getauft. Nicht Manellus Samuel Tinkerbell Maximillian Fjodor Maximus – einfach Max. Mit vollem Namen wird er Max Liron Bratman genannt.

Wie darf es heißen und wie nicht?

Baby ohne Namen sucht Eltern mit Fantasie und Augenmaß. Langweilig sollte er nicht sein, der Name für das Baby, aber auch nicht völlig abgedreht. Man muss ja nicht gleich bei der ersten Nennung erkennen, dass die Eltern bei der Namenswahl offenbar bekifft waren …

Sich über den Namen anderer Kinder lustig machen – Kevin, hahaha, Kevin! – ist die eine Sache. Einen Namen für den eigenen Nachwuchs zu finden eine ganz andere. Neben der Qual der Wahl im Allgemeinen müssen auch die Folgen bedacht und einige Regeln beachtet werden.

- ✕ In Deutschland ist es nicht möglich, seinem Kind einen abwertenden Namen zu verpassen. So muss zum Beispiel die Wahl des früher populären und weit verbreiteten Namens Adolf gut begründet werden, damit er vom Standesamt akzeptiert wird.
- ✕ In Indien und manchen anderen asiatischen Staaten hingegen sind abwertende Namen zwar nicht die Regel, werden aber aus einem ganz bestimmten Grund doch häufiger vergeben. Wer einen abwertenden Namen trägt, muss die bösen kindermordenden Geister nicht fürchten – sie interessieren sich einfach nicht für ihn. Sicher vor Geistern schützen indische Kinder Namen wie Gober (Kuhmist), Petayya (Abfall) oder Gudri-lal (Lumpenkind). Da allerdings kaum ein Erwachsener sein Leben lang von so einem Namen herabgesetzt werden möchte, erfolgt oft eine neue Namensgebung, wenn das Kind herangewachsen ist.

- Den längsten Vornamen der Welt trägt der britische Musikstudent George Garrett. Oder besser: Der britische Musikstudent Captain Fantastic Faster than Superman Spiderman Batman Wolverine Hulk and the Flash Combined Garrett. Er änderte seinen Vornamen, da ihm »George« zu langweilig erschien. Seine Großmutter nahm ihm die Namensänderung übel und redet seitdem nicht mehr mit ihm.
- Der New Yorker Vater Robert Lane gab seinen beiden Söhnen die Namen »Winner« und »Loser«. Loser ging später zur New Yorker Polizei und erreichte bald den Rang eines Sergeants. Winner Lane hingegen schlug eine kriminelle Karriere ein. Er wurde wegen zahlreicher Vergehen verurteilt und verbrachte mehrere Jahre seines Lebens im Gefängnis. Heute ist er obdachlos. Seinen Bruder Loser kontaktiert er nur, wenn er mal wieder Geld braucht.
- Den Weltrekord für die meisten Namenstattoos auf dem eigenen Körper hält der Brite Mark Evans. 267 Mal ließ er sich den Namen seiner Tochter Lucy auf den Rücken schreiben. Umrahmt werden die Namenszüge von einem aufgeschlagenen Buch mit rotem Lesezeichen, auf dem »Writing History« geschrieben steht.
- Eine Umfrage in Großbritannien ergab, dass jede fünfte Mutter die Namenswahl für ihr Kind bedauert. Besonders bereut werden die Namen, die mit der Zeit zu sehr in Mode gekommen sind oder von einer später bekannt gewordenen Filmfigur getragen werden, so zum Beispiel der Name der Hauptfigur aus dem Disney-Film *Frozen*, Elsa.

- Auch gaben 20 Prozent aller Mütter an, sie hätten sich von Menschen aus ihrem Umfeld zu einem bestimmten Namen drängen lassen und würden dies bis heute bereuen.
- Der häufigste Vorname der Welt ist Mohammed und seine Abwandlungen wie zum Beispiel Muhammad. Etwa 150 Millionen Menschen weltweit tragen diesen Namen. Das sind fast zwei Prozent aller Menschen der Erde. Der arabische Name bedeutet »der Gepriesene« und verweist auf den gleichnamigen Propheten, den Religionsstifter des Islam.
- Unter deutschen Muslimen spielt der Name Mohammed nur eine untergeordnete Rolle. Im Jahr 2015 wurde dieser oder eine seiner Abwandlungen nur rund 2000 Mal vergeben. Das liegt daran, dass in Deutschland lebende Muslime vorwiegend aus der Türkei kommen. Dort ist der Name nicht so weit verbreitet wie im arabischen Raum.
- Eine Umfrage im Jahr 2014 ergab, dass rund 8,4 Prozent aller auf Computern verwendeten Passwörter einen der 2000 beliebtesten Babynamen enthalten.
- Vornamen habe einen entscheidenden Einfluss darauf, wie wir von unseren Mitmenschen wahrgenommen werden und wie wir uns selbst sehen. Sie beeinflussen sogar die Schulnoten und damit letztendlich den späteren Verdienst.
- Eine Studie der Jobsuchmaschine Adzuna legte 2019 offen, welche Vornamen der jetzigen Verdiener-Generation im Vergleich am besten abschnitten. Der Studie zufolge verdienen Männer mit den Vornamen Peter, Jan, Markus, Andreas und Stefan am meisten. Bei den Frauen wird die 2019er-Liste

der erfolgreichsten Namen von Andrea, Kerstin, Sonja, Vanessa und Susanne angeführt.

- Weitere Erkenntnisse: je komplizierter der Name, desto geringer das Gehalt. Kurze Vornamen liegen an der Spitze. Opfer der alltäglichen Diskriminierung werden offenbar Namen, die nicht deutsch klingen. Ahmet und Aysche kommen in solchen Auflistungen nicht vor, aber auch Nancy und Catalina fehlen.
- Spiro ist auf der griechischen Insel Korfu der häufigste Vorname. Über 50 Prozent aller Männer tragen ihn. Er geht auf den Heiligen Agios Spiridon aus dem 4. Jahrhundert zurück, den Schutzpatron der Insel Korfu. Noch heute ist seine Verehrung groß und seine Gebeine werden viermal im Jahr durch Korfu-Stadt getragen.

DIE BASICS ZUM KIND

Einen Elternführerschein gibt es nicht und auch eine Gebrauchsanweisung für das Kind wird nicht mitgeliefert. Vieles entwickelt sich intuitiv, wenn das Baby da ist, aber über manche Zusammenhänge sollte man sich schon vorab Gedanken machen. Vor allem aber sollte man sich auf sein Kind freuen.

GLÜCKSMOMENTE

Als Vater können Sie mit den folgenden, zum Teil geradezu elementaren Ereignissen im Zusammenleben mit Ihren Kindern rechnen, bei denen Ihr Geist und Ihre Seele als Belohnung für all Ihre Anstrengungen und Entbehrungen mit Glückshormonen geflutet werden:

- ☺ Sie erleben die Geburt ihres Kindes.
- ☺ Sie halten ihr Kind das erste Mal im Arm.
- ☺ Sie erleben die erste Nacht mit dem Baby im eigenen Heim.
- ☺ Es gelingt Ihnen zum ersten Mal, die Windeln zu wechseln.
- ☺ Ihr Baby lächelt zum ersten Mal.
- ☺ Sie füttern das Baby zum ersten Mal – und es scheint ihm zu schmecken!
- ☺ Ihr Baby beginnt zu krabbeln und seine Umgebung zu erkunden.
- ☺ Das Baby sagt das erste verständliche Wort, hoffentlich ist es »Papa«.
- ☺ Ihr Baby versucht, sich aufzurichten und auf eigenen Beinen zu stehen – und es gelingt ihm!

- Das Baby schläft eine ganze Nacht durch – Sie müssen nicht aufstehen.
- Das Kind schläft die erste Nacht im eigenen Bett.
- Das Kind geht in den Kindergarten – und bleibt auch dort, bis Sie es wieder abholen.
- Das Kind bekommt das erste Fahrrad und kann damit fahren.
- Das Kind lernt – vielleicht mit Ihrer Hilfe – das Schwimmen.
- Ihr Kind kommt in die Schule! Sie haben jetzt ein Schulkind.

LEBENSERWARTUNG

- Männliche Kinder, die 2015 geboren werden, dürfen sich auf etwa 78,4 Lebensjahre freuen. Ihre weiblichen Geschwister bringen es sogar auf 83,4 Jahre.
- In den Jahren 1950 bis 1955 lag die Lebenserwartung eines Deutschen bei seiner Geburt noch bei 67,5 Jahren.
- Die höchste Lebenserwartung haben Menschen in Monaco. Wer hier im Jahr 2016 geboren wurde, wird als Mann auf durchschnittlich 85,6 und als Frau auf durchschnittlich 93,5 Lebensjahre kommen.

ERSTE WORTE

- »Mama« ist im deutschsprachigen Raum meist das erste Wort eines Kindes. »Papa« kommt erst an zweiter Stelle. Das liegt nicht etwa an persönlichen Vorlieben, sondern an der schwierigeren Aussprache.

- Das Lallwort »Papa« existiert in zahlreichen Sprachen weltweit. In über 700 von 1000 untersuchten Sprachen fand man dieses Wort oder eine abgewandelte Form. Besonders verbreitet ist es in der indogermanischen Sprachfamilie.

ENTWICKLUNG DES KINDES

- Das schnellste Wachstum von menschlichem Leben überhaupt erfahren die Embryonen im Mutterleib. Von der befruchteten Eizelle bis zur Geburt erhöht sich ihr Gewicht um das Dreimilliardenfache. Sind sie erst einmal geboren, müssen sie im Laufe ihres Lebens nur noch 25 Mal schwerer werden.
- Wenn Mütter ihr neugeborenes Baby küssen, nehmen sie dadurch Bakterien und Viren des Kindes auf. Ihr Körper bildet gegen diese Erreger Antikörper, die dem Baby über die Muttermilch zugeführt werden.
- Ein Baby hat nach der Geburt nur rund 300 Milliliter Blut – etwas mehr, als in eine Coladose passt.
- Babys schreien viel – in den ersten vier Monaten ihres Lebens aber noch ohne Tränen. Die Tränenkanäle bilden sich erst danach aus.
- Bei ihrer Geburt haben Kinder noch keine Kniescheibe. Diese bildet sich erst ab dem dritten Lebensjahr durch Verhärtung der Knorpel.

- Direkt nach der Geburt haben Babys eine erstaunliche Superkraft: Sie beherrschen den sogenannten Breast Crawl. Wird das Baby auf den nackten Oberkörper der Mutter gelegt, beginnt es, selbstständig Richtung Brust zu krabbeln und an dieser zu saugen. Die Babys ermitteln die korrekte Richtung anhand ihres Geruchssinns.
- Das Krabbeln beginnt ab der 12. Minute nach der Geburt. Bis zur 71. Minute haben fast alle Babys die Brustwarze erreicht.
- Neugeborene können instinktiv mit Wasser umgehen. Werden sie untergetaucht, halten sie reflexartig die Luft an und beginnen, sich mit ihren Armen und Beinen nach oben zu paddeln. Auch wenn Neugeborene im Gesicht mit Wasser überspült werden, wissen sie, wie sie die Luft anhalten. Viele Neugeborene haben am Schwimmen sogar richtig Spaß und tauchen kürzere Strecken mit geöffneten Augen. Auf zum Babyschwimmen!
- Jeder kennt das Phänomen: Legt man seinen Finger in die Hand eines Neugeborenen, greift es reflexartig zu. Das Baby trainiert damit seine Fähigkeit, Dinge greifen zu können. Sein Griff ist so stark, dass es sogar sein eigenes Körpergewicht tragen könnte.
- Wenn sich die Frontallappen im Hirn des Babys ausreichend entwickelt haben, beginnen sie damit, diesen Reflex zu unterdrücken.
- An Demenz erkrankte Menschen können manchmal eine Rückkehr dieses frühkindlichen Reflexes erleben. Das ist ein

Indiz für eine Schädigung der Frontallappen, die den Reflex viele Jahre unterdrückt haben.

- Bereits im Alter von 15 Monaten haben Babys einen Sinn für Gerechtigkeit entwickelt. Im Rahmen einer amerikanischen Studie wurden ihnen Videoaufnahmen gezeigt, in denen zwei Personen Milch und Kekse gereicht wurden. Erhielt eine der beiden Personen mehr Milch und Kekse als die andere Person, beobachteten die Babys das Geschehen mit erhöhter Aufmerksamkeit.
- In einer anderen Studie wurde sechs Monate alten Babys ein Puppenspiel vorgeführt, in dem eine Figur versucht, einen Berg zu besteigen. Dann tauchte eine andere Puppe auf, die die kletternde Puppe hinunterwarf. Eine dritte Puppe half der kletternden Puppe. Es zeigte sich, dass die Babys von da an lieber mit der helfenden Puppe spielten.
- Wer einmal lügt, dem glaubt man nicht. Das gilt sogar für Babys. In einer Studie wurden 60 Babys in zwei Gruppen aufgeteilt und jede Gruppe erhielt einen Betreuer. In der einen Gruppe belog der Betreuer die Babys, in der anderen Gruppe nicht. Im Anschluss versuchten beide Betreuer, den Babys beizubringen, wie man mit dem Kopf einen Lichtschalter anknipst. Es zeigte sich, dass die nicht belogenen Babys deutlich häufiger bereit waren, das Anknipsen des Lichtschalters nachzuahmen.
- Babys können gleichzeitig schlucken und atmen. Bei Erwachsenen ist immer nur die Luftröhre oder die Speiseröhre geöffnet, nie beide gleichzeitig. Weil die Öffnung des Kehl-

kopfs bei Babys noch höher liegt, können sie gleichzeitig saugen und Luft holen.

- Nach etwa drei Monaten senkt sich der Kehlkopf ab, sonst könnte das Kind nicht sprechen lernen.

DAS KINDLICHE GEHIRN

- Kleine Kinder sind wahre Leistungssportler, wenn es um die Verarbeitung von Informationen geht. Deshalb ist es wichtig, ihnen ausreichend Ruhezeiten einzuräumen, wenn sie diese verlangen. Ihr Gehirn ist nämlich viel aktiver als das eines Erwachsenen und ist ständig damit beschäftigt, neue synaptische Verbindungen zu formen. Im Alter von drei Jahren hat ein Kind doppelt so viele dieser Verknüpfungen im Gehirn wie ein Erwachsener.
- Erst ab dem dritten Lebensjahr ist ein Kind in der Lage, Informationen über Ereignisse und Personen im Langzeitgedächtnis abzuspeichern. Die frühesten Erinnerungen eines Menschen liegen daher meist in etwa diesem Alter.
- Viele Menschen behaupten, sich an weiter zurückliegende Ereignisse zu erinnern. Diese sind jedoch meist aus Erzählungen und späteren Erfahrungen zusammengebaut und reine Fiktion.

SINNESLEISTUNGEN

- ☞ Babys reagieren auf die Sprache ihrer Mutter anders als auf eine ihnen fremde Sprache. Dazu analysierte man die Saugrate von Babys am Schnuller. Spielte man Babys eine Tonaufnahme in ihrer Muttersprache vor und wechselte der Sprecher plötzlich in eine andere Sprache, veränderten die Babys ihre Saugrate.
- ☞ Tatsächlich sind Kinder im Mutterleib bereits ab der 22. Schwangerschaftswoche in der Lage, Sprachen und Melodien außerhalb des Bauchs wahrzunehmen.
- ☞ Kinder erreichen ihre volle Sehschärfe erst ab einem Alter von circa sechs Jahren. Nach ihrer Geburt sind Babys sehr weitsichtig und bringen es auf 2,5 Dioptrien, da ihr Augapfel sehr kurz ist. Beendet ist das Wachstum der Augen erst zwischen dem 16. und 30. Lebensjahr.
- ☞ Babys sind zu erstaunlichen akustischen Leistungen fähig. Bereits wenige Wochen alte Kleinkinder sind in der Lage, schreiend Lautstärken von bis zu 110 Dezibel zu produzieren. So laut ist es etwa direkt vor der Bühne eines Rockkonzerts.

LINKSHÄNDER

Manche Väter sorgen sich, wenn sich abzeichnet, dass ihr Nachwuchs nicht »die schöne Hand« für alltägliche Tätigkeiten, aber auch für das Malen und später das Schreiben in der Schule bevorzugt. Ist mein Kind normal, wenn es alles mit links macht? Gegenfrage: Ist es immer noch ein Problem, etwas anders zu sein als die anderen? Hier einige beruhigende Informationen für ängstliche Väter.

- ☞ Ludwig van Beethoven und Pablo Picasso waren Linkshänder wie auch Aristoteles, Leonardo da Vinci, Isaac Newton oder Friedrich Nietzsche, Johann Wolfgang von Goethe und Wolfgang Amadeus Mozart, um nur einige zu nennen.
- ☞ Der ehemalige US-Präsident Barack Obama unterschrieb seine Dokumente mit links wie auch Friedrich der Große, Napoleon Bonaparte, Königin Victoria l, Mahatma Gandhi, Franz-Josef Strauß, Fidel Castro und Bill Clinton.
- ☞ In der modernen Musikszene spielen Linkshänder eine große Rolle: Paul Simon, Bob Dylan, Jimi Hendrix, David Bowie, Sting, Phil Collins, Kurt Cobain und 50 Prozent der Beatles (Ringo Starr und Paul McCartney) nutzten und nutzen lieber ihre linke Hand als die rechte.
- ☞ Bei den Filmschaffenden ist es nicht nur Charlie Chaplin – Greta Garbo, Klaus Kinski, Marilyn Monroe, Mario Adorf, Goldie Hawn, Kim Basinger, Bruce Willis, Demi Moore, Julia Roberts und Angelina Jolie verfügten und verfügen über die dominante linke Hand.
- ☞ Kleine Kinder haben keine Präferenz für ihre rechte oder linke Hand. Ob jemand Rechts- oder Linkshänder wird, zeigt sich erst ab dem zweiten bis dritten Lebensjahr.
- ☞ Auch wenn Linkshänder es im Leben oft schwerer haben, können sie sich damit trösten, etwas Besonderes zu sein. Nur

geschätzte 10 bis 15 Prozent der Weltbevölkerung sind linkshändig. Anderen Quellen zufolge ist dieser Prozentsatz stark vom Kulturkreis abhängig – sie geben eine größere Schwankungsbreite von 5 bis 25 Prozent an.

☞ Die Wahrscheinlichkeit dafür, Linkshänder zu werden, ist höher, wenn ein Elternteil ebenfalls Linkshänder ist.

☞ Noch bis in die 1970er-Jahre war es in Deutschland gängige Praxis, Linkshänder zu Rechtshändern umzuerziehen. Es ist allerdings nicht möglich, die Händigkeit eines Menschen zu verändern, denn sie ist angeboren.

☞ Untersuchungen der Gehirne umerzogener Linkshänder zeigten, dass beim Schreiben und Arbeiten mit der rechten Hand bei ihnen trotzdem die Areale im Gehirn aktiv werden, die Bewegungen der linken Hand steuern und verarbeiten.

☞ Man vermutet heute, dass sich eine Umerziehung der Händigkeit negativ auf die Leistungen von Schülern auswirken kann. Auch der mit der Umerziehung einhergehende psychische Druck belastet betroffene Kinder oft sehr.

WAS VORNE HINEINMUSS UND WAS HINTEN RAUSKOMMT

- Justus von Liebig, der Erfinder des Brühwürfels (»Liebigs Fleischextrakt«), entwickelte im Jahr 1865 eine »Suppe für Säuglinge«, Kindernahrung in flüssiger Form. In der Folge entstand daraus auch ein Pulver, als »Kindermehl« bezeichnet. Beide Produkte verkauften sich großartig in Apotheken – in elf Monaten gingen allein in München 30 000 Portionen über den Ladentisch.

- Der Apothekergehilfe Henri Nestlé wandelte Liebigs Rezeptur mit kondensierter Milch ab und brachte das Produkt 1868 als »Nestle's Kindermehl« auf den Markt – mit großem Erfolg: Im Jahr 1874 wurden 670 000 Büchsen Kindermehl in 18 Ländern verkauft.
- Viele Hundert Produkte für Kinder von Muttermilchersatz bis zum probiotischen Babybrei kamen in den folgenden Jahrzehnten auf den Markt, den sich in Deutschland heute fünf größere Hersteller teilen:

Hipp	50,8 %
Danone	20,3 %
Nestlé	17,8 %
Alnatura	4,1 %
Deutsches Milchkontor	2,5 %

Als moderner Vater sollten Sie sich vor Augen führen, dass Kindernahrung – Fertigprodukte oder selbst zubereitete Lebensmittel – beim Durchlauf durch das Baby eine ziemlich unangenehme Verwandlung erfährt:

- Bis Kinder im Alter von ca. 2,5 Jahren aufs Töpfchen gehen können, brauchen sie etwa sechs bis acht Windeln pro Tag – in der Summe rund 6000 Windeln.

- Bei einem Gewicht von 170 Gramm pro voller Windel ist das etwa eine Tonne Windeln pro Kind. Bei einem Preis von 0,30 Euro pro Wegwerfwindel entstehen Gesamtkosten von 1800 Euro beziehungsweise 60 Euro pro Monat.

Ein Hinweis für spätere Jahre:

- Geschmack entsteht auch im Kopf. Der Kinderarzt Thomas Robinson untersuchte 2007 an der amerikanischen Stanford University den Zusammenhang zwischen dem Geschmack von Kindern und den Vermarktungsstrategien der Lebensmittelkonzerne. Er untersuchte unter anderem in seiner Studie das Essverhalten von 63 amerikanischen Kindern zwischen drei und fünf Jahren. Ein Ergebnis: Kinder waren eher bereit, Gemüse zu essen, wenn es in Fast-Food-Schachteln serviert wurde. Die Kinder assoziierten die Pappschachtel automatisch mit gutem Geschmack und standen den enthaltenen Speisen weniger skeptisch gegenüber. Das hat einen direkten Einfluss auf das Geschmacksempfinden. In einem Vergleich mit Gemüse aus einer neutralen Verpackung gab nur ein Viertel der Kinder an, die Speisen würden gleich gut schmecken.

WUNDERKINDER

- Haben Sie auch ein Wunderkind zu Hause? Als Pablo Picasso im Jahr 1894 dreizehn Jahre alt wurde, hängte sein Vater José

Ruiz y Blasco seine Karriere als Maler an den Nagel. Er hatte damit begonnen, seinem Sohn Malunterricht zu erteilen, als dieser gerade sieben Jahre alt war. Sechs Jahre später fühlte sich José Ruiz y Blasco seinem Sohn nicht mehr gewachsen.

- Die venezolanische Pianistin Teresa Carreño (1853–1917) trat schon im Alter von neun Jahren in New York auf. Sie war eine der bedeutendsten Klaviervirtuosinnen ihrer Zeit und wurde auch als »Kaiserin des Pianos« bezeichnet.
- Christian Heinrich Heineken (1721–1725) wurde als das Lübecker Wunderkind bezeichnet. Er beherrschte bereits im Alter von zwei Jahren die Sprachen Französisch und Latein und verfasste dreijährig eine Geschichte Dänemarks.
- Der Komponist Georg Philipp Telemann (1681–1695) beherrschte bereits mit fünf Jahren fast alle in seiner Zeit gebräuchlichen Instrumente und vertrat im Alter von dreizehn Jahren den Kantor in Clausthal-Zellerfeld als Kapellmeister.
- Georg Friedrich Händel (1685–1759) brachte sich das Klavierspielen selbst bei, weil sein Vater ihm eine musikalische Ausbildung verwehren wollte. Dennoch wurde er mit siebzehn Domorganist zu Halle. Als er zwanzig Jahre alt war, wurde seine erste Oper, *Almira,* in Hamburg uraufgeführt.
- Ludwig van Beethoven (1770–1827) trat bereits im zarten Alter von sieben Jahren vor einem adligen und großbürgerlichen Publikum auf. Seine ersten eigenen Kompositionen, die Kurfürstensonaten, veröffentlichte er mit dreizehn Jahren.

Die modernen Wunderkinder

Auch die Welt von heute ist reich an jungen Genies. Es gibt weitaus mehr, als wir hier benennen können:

- Ein kindliches Genie ist der in den Niederlanden lebende Laurent Simons, dessen Intelligenzquotient auf mindestens 145 geschätzt wird. Er beendete die Grundschule mit sechs, machte mit nur acht Jahren Abitur und erwarb 2018 im Alter von neun Jahren seinen ersten Universitätsabschluss, den Bachelor in Elektrotechnik an der Technischen Universität Eindhoven. Nicht nur seine Eltern, sondern auch seine Universitätslehrer neigen dazu, ihn mit Stephen Hawking und Albert Einstein zu vergleichen.
- Alia Sabur, die Tochter einer amerikanischen Reporterin und eines Pakistaners, konnte im Alter von acht Monaten nicht nur sprechen, sondern auch schon lesen. Mit zehn Jahren begann sie ihr Studium an der Stony Brook University im US-Bundesstaat New York, das sie im Alter von vierzehn Jahren mit Auszeichnung abschloss. Am 19. Februar 2008 wurde ihr im Alter von achtzehn Jahren eine Stelle als Professorin an der Konkuk-Universität in Seoul, Südkorea, angeboten. Sie nahm an und wurde so zur jüngste Universitätsdozentin der Welt.
- Der Inder Akrit Pran Jaswal wird oft als der jüngste Arzt der Welt bezeichnet. Als er mit sieben Jahren seine erste Operation durchführte, hatte er weder ein Medizinstudium absolviert noch trug er einen Doktortitel. Dennoch galt er in

seiner Heimat als medizinisches Genie und war vermutlich tatsächlich der jüngste Mensch, der je einen chirurgischen Eingriff vorgenommen hat: Er heilte die durch einen Brandunfall verwachsene Hand eines Mädchens. Heute forscht er nach einem Heilmittel gegen Krebs.

- Cameron Thompson kommt aus dem Norden von Wales und ist ein mathematisches Wunderkind. Sein Studium der Mathematik begann er im Alter von elf Jahren. Wie viele hochbegabte Mathematiker hat er das Asperger-Syndrom.
- Akim Camara ist ein musikalisches Genie aus Berlin. Er begann im Alter von zwei Jahren Geige zu spielen. Er kann sich an die Musik erinnern, die er als Kleinkind gehört hat, bevor er überhaupt sprechen konnte. Das Geigespielen erlernte er ausgesprochen schnell und spielte schon im Alter von drei Jahren 2003 sein erstes öffentliches Konzert.
- Aelita Andre aus Melbourne/Australien gilt als künstlerisches Wunderkind – die Bilder der Elfjährigen werden für fünfstellige Summen gehandelt und mit denen das Action-Painting-Künstlers Jackson Pollock verglichen. Sie begann mit zwei Jahren zu malen. Kritiker halten sie zwar für in spezieller Weise begabt, zweifeln aber am künstlerischen Wert ihrer Bilder.

WUNSCHKINDER

- In Deutschland ist ein Drittel aller Schwangerschaften ungewollt und nicht geplant.
- 57 Prozent der ungewollt schwangeren Mütter entscheiden sich dazu, das Kind zu behalten.
- 43 Prozent entscheiden sich für eine Abtreibung.
- Knapp die Hälfte aller ungewollt schwangeren Frauen gab an, trotz Pille schwanger geworden zu sein. Ihr Kind ist also ein sogenanntes TroPi (trotz Pille).

ZÄHNE

- Zähne bilden sich bei Neugeborenen erst ab dem sechsten Monat. Bis zum ersten Geburtstag verfügen fast alle Babys über mindestens einen ersten Zahn.
- In einem von 2000 Fällen kommt es sogar vor, dass ein Baby bereits mit einem Zahn im Mund geboren wird.
- Die 20 Zähne des kindlichen Milchgebisses sind zum Ende des zweiten Lebensjahres meist komplett.
- Im Alter von fünf bis sechs Jahren verlieren Kinder die ersten Zähne ihres Milchgebisses. Eine wichtige Rolle dabei spielt nicht etwa der Zahnarzt, sondern ein Fabelwesen, das aus Großbritannien und Amerika zu uns gekommen ist: die Zahnfee, eine Dame, die Sie als Vater kennen sollten. Sie tauscht ausgefallene Milchzähne, die das Kind unter sein

Kopfkissen oder in eine kleine Dose gelegt hat, nachts heimlich gegen kleine Geschenke aus. Da die Zahnfee ein fiktives Wesen ist, müssen Vater oder Mutter ein wenig von ihrem kostbaren Schlaf abgeben, ins Schlafzimmer der Kinder schleichen und Zahnfee spielen.

- Bis zum 13. Lebensjahr hat ein Kind alle seine Milchzähne wieder verloren und besitzt nun 28 bleibende Zähne, die ein Leben lang halten müssen.

WEITERE FAKTEN ZUM KIND

- Draußen spielen ist gesund – auch für die Augen! Es ist durch mehrere Studien belegt: Kinder, die täglich mindestens zwei Stunden draußen spielen, werden in ihrem späteren Leben seltener eine Kurzsichtigkeit entwickeln – der Wechsel zwischen Nah und Fern trainiert offenbar die Augen. Dabei spielt eine genetische Vorbelastung durch die Eltern keine Rolle – auch wenn Papa und Mama eine Brille tragen, kann der Nachwuchs durchaus ohne auskommen.
- Kinder sind laut – nicht nur die Spielzeuge von Kindern überschreiten mühelos die 100-Dezibel-Grenze und kommen damit in die Unbehaglichkeitsregion. Ein einziges Baby erreicht mit seinem Geschrei die Lautstärke eines Düsenjets – das sollten Sie als Vater wissen.
- Im Gehirn von Kleinkindern ist ganz schön was los – kein Wunder, dass die Kids im Alter von zwei bis drei Jahren be-

sonders anstrengend sind: In ihrem Gehirn werden ständig neue synaptische Verbindungen geknüpft, bei einem dreijährigen Kind doppelt so viele wie bei einem Erwachsenen. Deshalb ist es auch so wichtig, dass die Kleinen zu Hause und im Kindergarten genügend Erholungsmöglichkeiten bekommen.

- Kindheitserinnerungen? Die hat jeder, aber nicht vom ersten Augenblick an. So traurig es ist: An die ersten drei Lebensjahre kann sich niemand erinnern. Weder Menschen noch Orte hinterlassen bei ganz kleinen Kindern bleibenden Eindruck. Auch die frühesten Kindheitserinnerungen haben sich erst in der Zeit nach dem dritten Geburtstag eingeprägt.
- Kleine Kinder können besser verstehen als selbst sprechen. Das Sprachvermögen entwickelt sich sozusagen asymmetrisch. Im Verstehen sind Kinder ihrem eigenen Wortschatz weit voraus. Wenn Erwachsene mit ihnen reden, verstehen sie viel mehr, als man denkt – und sie lernen ständig dazu!
- Musik macht schlau. Es muss nicht gleich Beethoven im Babybauch sein, aber Bach, Mozart und Händel wirken durchaus förderlich auf Kinder. Lassen Sie Ihren Nachwuchs klassische Musik hören, singen oder selbst spielen, denn so werden Motorik, mathematisches Verstehen und die Aufmerksamkeit geschult.
- Mobbing macht krank. Früher nannte man es hänseln, heute werden manche Kinder gemobbt. Kinder, die über längere Zeit fertiggemacht werden, haben später als Erwachsene ein erhöhtes Risiko, an Depressionen und Angstzuständen zu erkranken oder sich sogar das Leben zu nehmen.

FLASHKURS: PÄDAGOGIK UND SCHULE

In diesem Kapitel geht es um genau das Wissen, das Sie als Vater in den nächsten 18 bis 25 Jahren benötigen könnten, wobei anzumerken ist, dass es auch Eltern gibt, welche die Erziehung ihrer Kinder ohne Ausflüge in die Welt der großen wissenschaftlichen Theorien zwar nicht mühelos, aber immerhin ganz ordentlich meistern.

HAUSAUFGABEN

Der Unterricht dauert schon lang genug – warum dann in der ohnehin knappen Freizeit zu Hause noch weitermachen? Die Diskussion um die Sinnhaftigkeit von Hausaufgaben ist nicht neu. Es gibt sie schon so lange, wie es Hausaufgaben gibt. Sie als Vater sollten die Partei der Kinder ergreifen.

- 1901 wurden in Kalifornien Hausaufgaben für unter 15-jährige Schüler erstmals verboten. Bis zum Jahr 1929 wurde das Verbot allerdings in allen Schulen wieder abgeschafft.
- China verfügt über eines der härtesten Bildungssysteme der Welt und chinesische Städte belegen seit Jahren Plätze in den Top Ten der Pisa-Studien. Besonders hart haben es chinesische Schüler in Shanghai. Durchschnittlich sitzt ein Schüler dort täglich zwei Stunden an Hausaufgaben, und das sieben Tage jede Woche.

Wie viele Hausaufgaben dürfen Schüler eigentlich maximal bekommen? Zwar gibt es keine einheitliche gesetzliche Regelung, die Rechtsprechung hat in der Praxis dennoch folgende Höchstmengen für zulässig erachtet:

- In der ersten und zweiten Klasse sollten Schüler maximal 30 Minuten Hausaufgaben pro Tag erhalten.
- In der dritten und vierten Klasse erhöht sich die maximale Dauer auf 60 Minuten.
- In der fünften und sechsten Klasse sind es bereits 90 Minuten und dann bis zur zehnten Klasse 120 Minuten pro Tag. Für die darauf folgenden Klassenstufen gibt es keine allgemein anerkannte Höchstgrenze.
- Homeoffice für Schüler? Der Konstanzer Professor Dr. Guido Schwerdt hat untersucht, wie gut digitales Lernen von zu Hause aus funktioniert. Er verglich die Leistungen von Schülern der Florida Virtual School mit denen von Schülern traditioneller Highschools. Dabei kam heraus, dass die Schüler der Onlineschule in fast allen Disziplinen im Durchschnitt besser waren als die Schüler der traditionellen Highschool. Väter sind eben die besseren Lehrer.

EINSCHULUNG: DAS KOMMT IN DIE TÜTE

Eines Tages geht es mit der Schule los, und das funktioniert nicht ohne Schultüten, die den bis zu diesem Zeitpunkt noch freilaufenden Kindern den Verlust ihrer Freiheit versüßen sollen. Du musst jetzt in die Schule, aber als Entschädigung kriegst du eine gewaltige Kalorienbombe. Vermutlich werden Schultüten deshalb in manchen Teilen Deutschlands auch Zuckertüten genannt. Die mehr oder weniger gut gefüllte Spitztüte wird den Schulanfängern in Deutschland seit dem 19. Jahrhundert überreicht.

- 99 Prozent aller Kinder bekommen eine Schultüte zum ersten Schultag. Die Eltern geben im Durchschnitt 60 Euro für eine Schultüte samt Füllung aus.
- Viele machen es sich einfach: Nur jede vierte Schultüte in Deutschland wird von den Eltern selbst gebastelt. Heimwerkerväter sind hier im Vorteil.
- Besonders beliebt sind bei den Eltern Süßigkeiten in der Schultüte. 88 Prozent aller Eltern packen sie hinein. Außerdem entscheiden sich 52 Prozent für Spielzeug und 42 Prozent für ein Buch oder eine Zeitschrift als Geschenk zur Einschulung.
- Ein wichtiger Hinweis für die Eltern von frisch eingeschulten Kindern, sogenannten ABC-Schützen: Schreibenlernen ist anderswo einfacher. Das hawaiianische Alphabet hat nur zwölf Buchstaben.

SCHULWEG

- Wie Grundschüler ihren Weg zur Schule zurücklegen, hat sich in den letzten 50 Jahren stark gewandelt. In den 1970er-Jahren gingen noch 90 Prozent aller Schüler zu Fuß.
- Im Jahr 2018 gingen nur noch 43 Prozent zu Fuß und 10 Prozent nahmen das Fahrrad. 17 Prozent aller Grundschüler

kamen mit dem Bus und 20 Prozent wurden von den Eltern gefahren. Dies ergab eine Erhebung des Forschungsinstituts Forsa unter 502 Elternpaaren von Grundschulkindern. Der Grund für diese Veränderung ist die Schließung zahlreicher kleiner Dorfschulen in der zweiten Hälfte des 20. Jahrhunderts – die neuen Schulen sind fußläufig einfach nicht mehr erreichbar.

KÖRPERSTRAFEN

- Die schlechte Nachricht: Offenbar prügeln manche Eltern ihre Kinder noch immer. Die gute Nachricht: Die Anwendung körperlicher Bestrafung durch Eltern geht in Deutschland kontinuierlich zurück.
- Heutzutage bestrafen immer noch 40 Prozent aller Eltern ihre Kinder mit einem Schlag auf das Gesäß.
- 10 Prozent geben ihren Kindern sogar eine Ohrfeige.
- Im Vergleich: 2006 betrugen die Zahlen noch 46 Prozent für den Klaps auf den Po beziehungsweise 11 Prozent für den Schlag ins Gesicht.
- Unverändert bleibt, dass Jungen doppelt so häufig bestraft werden wie Mädchen.
- Väter und Mütter strafen mit gleicher Häufigkeit.
- Besonders oft wird in kinderreichen Familien gestraft.
- Der Bildungshintergrund der Eltern spielt für die Häufigkeit der Strafen keine Rolle.

INTERNATE

In der Erziehungsgeschichte jeder Eltern-Kind-Beziehung gibt es Phasen, in denen die Eltern darüber nachdenken, das Kind optimal zu fördern – oder sich selbst wieder mehr Ruhe zu verschaffen. Das könnte gelingen, wenn man den hochbegabten, aber nervigen Nachwuchs auf ein Internat schickt. Bevor Sie in die vertiefte Planung einsteigen, sollten Sie als vorausschauender Vater den Kostenpunkt der professionellen Heimpädagogik kennen …

- Schule Schloss Salem — ca. 3756 € pro Monat
- Internat Louisenlund — ca. 3300 € pro Monat
- Schloss Neubeuern — ca. 3300 € pro Monat
- Kurpfalz-Internat — ca. 3200 € pro Monat
- Landheim Schondorf — ca. 2800–3100 € pro Monat
- Internatsgymnasium Schloss Torgelow — ca. 2825 € pro Monat
- Schule Birklehof — ca. 2800 € pro Monat
- Internat Solling — ca. 2700 € pro Monat

Zum Vergleich (Euro-Angaben je nach Wechselkurs):

- Großbritannien – pro Term (1 Schuljahr = 3 Terms) 9500 bis 14 000 GBP, also etwa 30 000 bis 48 000 € pro Jahr
- Kanada – pro Schuljahr 58 000 bis 68 000 CAD, 38 000 bis 45 000 €
- USA – pro Schuljahr 56 000 bis 65 000 USD, etwa 50 000 bis 58 000 €
- Schweiz – pro Schuljahr 35 000 bis 130 000 CHF, 28 000 bis 120 000 €

ERZIEHUNG: DEIN KIND, DAS BEKANNTE UNWESEN?

In diesem Kapitel finden Sie Informationen, die Ihre moderne Erziehung um einige interessante Facetten erweitern könnten, wenn Sie vertieft darüber nachdenken wollen.

ERSTGEBORENE, THRONFOLGER UND NACHZÜGLER

- Erstgeborene Geschwister sind häufig intelligenter als ihre jüngeren Geschwister. Eine norwegische Studie an 250 000 Wehrpflichtigen ergab für Erstgeborene einen durchschnittlichen IQ von 103,2. Bei Zweitgeborenen lag er bei 101,2 und Drittgeborene schafften es nur noch auf 100. Man muss aber einräumen, dass es sich hierbei um minimale Unterschiede handelt.
- Erstgeborene und Einzelkinder schaffen es auch in Wirtschaft und Politik deutlich häufiger an die Spitze als ihre jüngeren Geschwister. Der Grund dafür liegt in der unterschiedlichen Intensität, mit der sich Eltern um die frühkindliche Entwicklung ihrer Kinder bemühen.
- Erstgeborene profitieren auch von der Verantwortung, die sie oft für ihre jüngeren Geschwister tragen müssen.
- Die Psychologen Frank Sulloway und Richard Zweigenhaft fanden in einer Studie heraus, dass jüngere Geschwister häufig risikofreudiger sind. Das zeigt sich zum Beispiel in höherer Risikofreude beim Sport. Auch üben sie deutlich häufiger Extremsportarten aus.

- Erstgeborene heiraten häufiger Erstgeborene und freunden sich auch häufiger mit anderen Erstgeborenen an. Dies ergab eine umfassende Studie von Joshua Hartshone von der Harvard-Universität.

VATER ODER MUTTER?

- Kindererziehung ist auch heute noch weitestgehend Frauensache. Im Schnitt verbringen Mütter pro Tag 104 Minuten Zeit mit ihrem Kind. Männer bringen es bloß auf 59 Minuten, wie die Forscherinnen Giulia Maria Dotti Sani und Judith Treas herausfanden. Das ist für beide Elternteile immerhin doppelt so viel wie vor 50 Jahren.
- In der Kindererziehung bilden sich auch heute noch klare Aufgabenverteilungen. Wickeln, spielen und ins Bett bringen gehören dabei zu den Aufgaben, die den Vätern am häufigsten zugeordnet sind. Die Rolle des Vaters nimmt im Leben des Kindes mit zunehmendem Alter übrigens eine immer größere Rolle ein.
- Vätern wird es immer wichtiger, eine aktive Rolle in der Erziehung ihrer Kinder zu spielen. 88 Prozent der in einer Untersuchung der Väter GmbH befragten Männer gaben an, bei der Entwicklung ihrer Kinder von Beginn an involviert sein zu wollen. Zwei Drittel gaben an, sich als Vertrauensperson ihrer Kinder zu betrachten.
- Immer mehr Väter spüren, dass sie Teil eines Wandels in der

Kindererziehung sind. Neun von zehn befragten Männern gaben in einer Umfrage an, dass sich ihre eigene Vaterrolle von der ihrer eigenen Väter unterscheidet.

- Immerhin 61 Prozent der Väter beschrieben sich selbst als Erzieher.
- 56 Prozent gaben an, sie würden ihre Karriere für ihre Familie zumindest zeitweise zurückstellen. Zwei Drittel dieser Väter fühlten sich aber von ihrem Arbeitgeber nicht ausreichend unterstützt.
- 33 Prozent aller Väter verlegen ihre Arbeit auch manchmal in die Freizeit, um mehr Zeit für die Familie zu haben.

BILDSCHIRME UND QUADRATISCHE AUGEN

In kaum einem Bereich differieren die Wunschvorstellung engagierter Pädagogen und das Geschehen in der Wirklichkeit so stark wie beim Medienkonsum. Hier die Wünsche der Experten, die Sie vermutlich sofort wieder vergessen können, weil das so keiner hinkriegt.

- Kinder unter 18 Monaten sollten überhaupt nicht auf Bildschirme schauen – Ausnahme: Videoanrufe, zum Beispiel der Großeltern.
- Erste Kontakte mit digitalen Medien und Bildschirmen nur gemeinsam mit den Eltern.
- Fünfjährige sollten nicht mehr als eine Stunde pro Tag Me-

dien konsumieren – hochqualitative Inhalte vorausgesetzt. Privatfernsehen ist also zu 100 Prozent tabu.

- Die gemeinsamen Mahlzeiten der Familie sollten medienfreie Zeit sein. Welche gemeinsamen Mahlzeiten? Und muss Mama ihr Smartphone auch ausschalten?

Realistisch betrachtet:

- Zwar werden die Kinderaugen nicht quadratisch, doch ist es für die Augen und die zugehörigen Kinder dennoch vorteilhaft, wenn sie sich nicht ausschließlich vor Bildschirmen aufhalten. Bereits zwei Stunden Spielen in der Natur pro Tag senken das Risiko für eine spätere Kurzsichtigkeit erheblich. Selbst dann, wenn beide Elternteile eine Brille tragen.
- Übrigens: Ziegen haben quadratische Pupillen. Und das, obwohl sie nie in Bildschirme starren.

HUMOR

- ☺ Humor wird maßgeblich durch das Umfeld geprägt. Da Kinder in den ersten Lebensjahren außer den Eltern kaum eine Bezugsperson haben, entwickelt sich ihr Humor ganz ähnlich dem der Eltern. Die Babys lernen durch die Reaktionen der Eltern, was lustig ist und was nicht.
- ☺ Der Humor eines Kindes bildet sich ab dem sechsten Monat heraus und wird fortan für den Rest des Lebens vom Umfeld beeinflusst.

WIE MAN KINDER GLÜCKLICH MACHT

Eine Untersuchung einer amerikanischen Schriftstellerin und einer Journalistin aus Großbritannien im Auftrag der UNICEF in den 29 reichsten Ländern der Welt kam 2013 zu einem bemerkenswerten Ergebnis: In den Niederlanden leben die glücklichsten Kinder der Welt. Vor allem versuchten die Forschenden herauszufinden, weshalb das so ist. Ihre Beobachtungen deuten darauf hin, dass niederländische Eltern den unglaublich schwierigen Balanceakt zwischen elterlicher Sorge und gesunder Verwahrlosung großartig beherrschen.

In den Niederlanden

- … bekommen Babys mehr Schlaf.
- … haben Kinder wenig oder gar keine Hausaufgaben in der Grundschule.
- … hören die Eltern und Lehrer den Kindern zu.
- … fahren Kinder selbstständig mit dem Fahrrad zur Schule, und das auch noch ohne Helm.
- … dürfen Kinder allein draußen spielen.
- … essen Kinder regelmäßig mit der ganzen Familie.
- … verbringen Kinder mehr Zeit mit ihren Eltern als anderswo.
- … spielen Kinder auch mit Secondhand-Spielzeug.
- … haben Kinder Schokostreusel auf den Frühstücksbrötchen.

WAS, WENN'S IN DIE HOSE GEHT? – BILDUNGSKATASTROPHEN

Der Schulweg unserer Kinder ist in den meisten Fällen weder abenteuerlich noch gefährlich, sondern gut organisiert und sicher. Auf dem schulischen Weg durch die Jahre der Kindheit und Jugend hingegen kann so einiges passieren, mit dem weder Sie noch der Nachwuchs gerechnet haben.

SITZENBLEIBEN

Ein Blick in den Briefkasten, der Schock: Da ist er, der gefürchtete blaue Brief: »… ist die Versetzung Ihres Sohnes / Ihrer Tochter leider gefährdet.« Volljährige Schüler erhalten ihn an die eigene Adresse. Nach wie vor ist das Sitzenbleiben eine Delle in jedem Lebenslauf – und ein Schock für Vater und Mutter, die beide immer auch mit ihrem Kind zusammen sitzen bleiben …

- Rund 23,1 Prozent aller Schüler wiederholen bis zu ihrem 15. Lebensjahr mindestens einmal eine Jahrgangsstufe.
- Die meisten Sitzenbleiber pro 100 Schüler leben in Bayern. 3,9 Prozent aller Schüler wiederholen dort jedes Jahr die Jahrgangsstufe.
- Den niedrigsten Anteil hat Berlin mit nur 1,1 Prozent.
- NRW liegt mit 2,3 Prozent pro Jahr genau im Bundesdurchschnitt.
- Am geringsten ist der Anteil der Sitzenbleiber in Grundschulen. Am höchsten ist die Wahrscheinlichkeit für eine Klassenwiederholung an Realschulen.

KARRIERE UND KARRIEREKNICK

Sorge ist der zweite Vorname des engagierten Vaters, der besonders besorgt ist, dass sein Kind im Laufe des Lebenswegs am Ziel vorbeisteuert, eine falsche Abzweigung nehmen und womöglich in einer Sackgasse landen könnte. Kaum steht die erste Fünf unter einer Klassenarbeit, packen den Vater (und natürlich auch die Mutter) schlimme Ängste. Soll man das Kind ausschimpfen, trösten, mit einem ernsten Gespräch weiterbringen, damit es nicht auf die schiefe Bahn gerät? Vor lauter Hilflosigkeit sehen sich dieselben Väter, die sich am Vortag noch über ihr unbeschwertes Kind freuten, von Panikattacken geplagt. Doch keine Angst – Sie werden auch die schlimmsten Zeugnisnoten Ihrer Kinder mit anderen Augen sehen, wenn Sie die folgende Liste der Schul- und Studienabbrecher zur Kenntnis genommen haben.

Schule abgebrochen

Die folgenden Prominenten sollen – wie die üblichen einschlägigen Kreise im Netz und in den Medien angeben – ohne einen Schulabschluss durchs Leben gehen oder gegangen sein.

- ✕ Alain Delon, Schauspieler
- ✕ Avril Lavigne, Popstar
- ✕ Cameron Diaz, Schauspielerin
- ✕ Catherine Zeta Jones, Schauspielerin
- ✕ Drew Barrymore, Schauspielerin

- Eminem, Rapper
- Henry Ford, Unternehmer und Automobilmilliardär
- Jay-Z, Rapper
- John D. Rockefeller, Unternehmer und Ölmilliardär
- Johnny Depp, Schauspieler
- Jude Law, Schauspieler
- Karl Lagerfeld, Modeschöpfer
- Katy Perry, Sängerin
- Lev Leviev, der Diamantenkönig aus Usbekistan, Milliardär
- Li Ka-shing, der reichste Mensch Asiens, Milliardär
- Mark Twain, Schriftsteller
- Oprah Winfrey, Moderatorin, Milliardärin
- Pink, Sängerin
- Richard Desmond, Medienmogul, Milliardär
- Ryan Gosling, Schauspieler
- Sido, Rapper
- Richard Branson, Unternehmer, Milliardär
- William Shakespeare, Schriftsteller
- Winston Churchill, Premierminister

Studium abgebrochen

Offenbar ist ein abgeschlossenes Studium für einen exorbitanten Lebenserfolg nicht nötig. Es scheint auch, dass mancher das falsche Fach studiert hat; welches es war, steht hinter dem Namen:

- Bertolt Brecht, Schriftsteller (Medizin und Naturwissenschaften)

- Bill Gates, Softwaremilliardär (Mathematik)
- Brad Pitt, Schauspieler (Journalismus und Werbung)
- Charles Darwin, Naturforscher (Medizin)
- Eric Clapton, Rockstar (Kunst)
- Herbert Grönemeyer, Sänger (Musik- und Rechtswissenschaften)
- Johannes B. Kerner, Moderator (Betriebswirtschaftslehre)
- John Mayer, Popstar (Gitarre)
- Julio Iglesias, Sänger (Jura)
- Kai Pflaume, Moderator (Informatik)
- Lady Gaga, Sängerin (Musik)
- Lew Nikolajewitsch Tolstoi, Schriftsteller (Jura)
- Mark Zuckerberg, Facebook (Informatik und Psychologie)
- Michael Dell, Dell Computer (Medizin)
- Mick Jagger, Rockstar (Betriebswirtschaftslehre)
- Natascha Bedingfield, Sängerin (Psychologie)
- Reinhold Messner, Bergsteiger (Hoch- und Tiefbau)
- René Obermann, Telekom (Volkswirtschaftslehre)
- Stefan Raab (Jura)
- Steven Spielberg, Regisseur (Film)
- Thomas Anders, Musiker, Teil des Duos »Modern Talking« (Germanistik, Publizistik und Musikwissenschaften)
- Vincent van Gogh, Maler (Theologie)
- Warren Buffett, Börsenmagnat (Wirtschaftswissenschaften)
- Wolfgang Joop, Modedesigner (Werbepsychologie, Kunsterziehung)

NACHHILFE

Es gab Zeiten, da konnten die Eltern ihren Kindern noch bei den Hausaufgaben helfen und möglicherweise auch positiv auf die schulische Leistung einwirken – mit Nachhilfeunterricht zu Hause. Besonders bei der Hausaufgabenhilfe gab es schon damals familiäre Krisenfälle: »Papa, du hast wieder alles falsch gemacht!«

In den späten Jahren des 20. Jahrhunderts drehte sich die Angelegenheit zugunsten der Kinder: Es gab Phasen, in denen der Nachwuchs der alten Generation den Umgang mit dem Computer beibrachte und erläuterte, was eine Textverarbeitung bzw. ein Rechenblatt ist und wie es funktioniert. Mit der Zeit lernten die Eltern, mit einem Computer umzugehen, verloren aber im föderalen Bildungsdschungel der Bundesrepublik irgendwann den Überblick über die Ereignisse in der Schule, sowohl methodisch als auch von den Unterrichtsinhalten her. Aus dem simplen Unterrichtsfach Rechnen wucherte irgendwann das Mengenlehre-Monster hervor, immer neue Rechtschreibreformen bereicherten zwar den Dudenverlag, machten es Vati aber unmöglich, den lieben Kleinen beim Diktat zu helfen. Was war zu tun? Nachhilfelehrer mussten her!

Fast zwei Drittel aller Eltern versuchen trotz der beschriebenen Problemsituation ihren Kindern bei den Hausaufgaben zu helfen. Zwei Drittel dieser Kinder wiederum sind aber der Meinung, dass sie keine Hilfe benötigen. Vermutlich, weil sie wissen, dass ihre Eltern mit ihrer veralteten Schulbildung aus grauer Vorzeit ihnen gar nicht mehr helfen können …

EIN BLICK IN DIE FAMILIENKASSE

Kindergeld und Kinderzuschläge zu berechnen, überhaupt das ganze Familieneinkommen im Blick zu behalten ist ähnlich kompliziert und aufwendig wie die Buchführung für eine mittelständische Firma. Ein erster Überblick über die finanziellen Anforderungen einer jungen Familie mit Nachwuchs fördert nicht unbedingt die Begeisterung für eine größere Familie …

DAS KOSTEN KINDER

Was ein Kind seine Eltern kostet, wird in Deutschland vom Statistischen Bundesamt ganz genau berechnet.

- Bis zum 6. Lebensjahr kostet ein Kind rund 519 Euro pro Monat.
- Bis zum 12. Lebensjahr liegt der Betrag bei 604 Euro pro Monat und vom 12. bis zum 18. Lebensjahr belaufen sich die Kosten auf 700 Euro pro Monat, also noch mal deutlich mehr.
- Insgesamt müssen Eltern also mit einer finanziellen Belastung von rund 126 000 Euro für das erste Kind rechnen. Sofern es ab 18 Jahren arbeitet und nicht studiert. Dann liegen die Kosten nämlich deutlich darüber. Der Gesetzgeber sieht vor, dass Eltern bis zum 25. Lebensjahr für das Wohl ihrer Kinder zu sorgen haben.

DAS TASCHENGELD

- Die Kinder in Deutschland verfügen durch Taschengeld und Geldgeschenke über eine Kaufkraft von knapp drei Milliarden Euro.
- Im Durchschnitt erhalten Kinder einer Studie aus dem Jahr 2019 zufolge 20,52 Euro Taschengeld im Monat, dazu kommen pro Jahr durchschnittlich 158 Euro an Geldgeschenken.
- In ihrer Schulzeit haben Jugendliche zwischen 16 und 18 Jahren rund 222 Euro monatlich zur Verfügung. Zu den Haupteinnahmequellen zählen dabei Taschengeld und Geburtstags- und Weihnachtsgeschenke.
- Es wird empfohlen, einem Jugendlichen in diesem Alter zwischen 35 und 70 Euro Taschengeld zu zahlen – offenbar werden derartige Empfehlungen allzu leicht von der Wirklichkeit überholt.
- Wirtschaftlich sind Jugendliche früh aktiv: Das Deutsche Kinderhilfswerk hat ermittelt, dass mehr als ein Drittel aller Jugendlichen ab 13 Jahren einen Nebenjob ausübt und dabei im Schnitt mehr als drei Stunden pro Woche arbeitet.

GROSCHENGRAB FAMILIE

Nicht nur die Kinder kosten Geld – überhaupt ist eine Familie ein ausgesprochen kostenintensives Unternehmen mit meist nur den Eltern als Einnahmequellen, aber mit einer Vielzahl von

Kosten, die beglichen werden wollen. Das Haushalts-Durchschnittseinkommen in Deutschland wird je nach Quelle mit ca. 3700 Euro (Statistisches Bundesamt) oder aber mit 2990 Euro (in einer ZDF-Dokumentation) angegeben. Es ist jedoch so eine Sache mit statistischen Werten. Mit der Wirklichkeit der meisten Familien hat das wenig zu tun. Rund 12 Prozent der Bevölkerung liegen bei ihrem Einkommen zwischen 1500 Euro und 2000 Euro im Monat. Und wenn man es nicht so dicke hat wie der Durchschnitt, fragt man sich am Monatsende schon manchmal: Wo ist denn nur die ganze Kohle hin? Hier eine Auflistung der Ausgaben für den privaten Konsum:

Wohnen	35,6 %
Ernährung	13,8 %
Verkehr	13,8 %
Freizeit	10,3 %
Ausgehen	5,8 %
Innenausstattung	5,6 %
Bekleidung	4,4 %
Gesundheit	3,9 %
Kommunikation	2,5 %
Bildung	0,7 %

VATER WERDEN UNTER ERSCHWERTEN BEDINGUNGEN

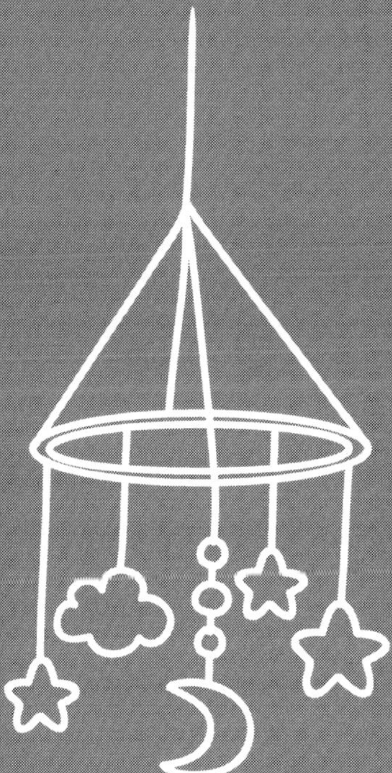

Wie offen und frei die Verhältnisse in der Bundesrepublik Deutschland sind, wird augenblicklich klar, wenn man sich anschaut, was sich die gesetzgebenden Instanzen in den Vereinigten Staaten von Amerika an Gesetzen zusammengebastelt haben, welche die zwischenmenschlichen Beziehungen regeln. Unterhaltsame Einfälle des Gesetzgebers machen es einem potenziellen Vater und seiner Lebensgefährtin nicht eben leicht, ein Kind zu zeugen – und dabei auch noch ein moralisches und gesetzestreues Leben zu führen …

- ✖ Junge Eltern, die in Los Angeles zwei Babys gleichzeitig in derselben Wanne baden, handeln gegen die guten Sitten und illegal.
- ✖ In Detroit ist es Männern verboten, ihre Frauen böse anzuschauen. Aber nur an Sonntagen.
- ✖ Männer in Alabama dürfen ihre Ehefrauen mit einem Stock prügeln – allerdings darf dessen Durchmesser nicht größer sein als der ihres Daumens.
- ✖ In Illinois haben Singlefrauen die Pflicht, unverheiratete Männer mit »Master« anzusprechen, einer alten vornehmen englischen Anrede.
- ✖ Ehemänner aufgepasst: Im Bundesstaat Idaho ist es verboten, seiner Liebsten eine Pralinenschachtel zu schenken, die weniger als 50 Pfund – etwa 23 Kilogramm – wiegt.
- ✖ In Tucson, Arizona, ist es Frauen gesetzlich verboten, eine Hose zu tragen.
- ✖ Die Stadt Lewes, Delaware, verbietet figurbetonende Hosen.
- ✖ Ein Flirt in der Öffentlichkeit kann in Little Rock, Arkansas, mit bis zu 30 Tagen Haft geahndet werden.

- ✕ In Salem, Massachusetts, dürfen selbst verheiratete Paare nicht nackt in derselben Mietwohnung schlafen.
- ✕ In Hastings, Nebraska, müssen Ehepartner beim Sex Nachthemden oder Schlafanzüge tragen.
- ✕ Im Bundesstaat Colorado ist es Männern untersagt, ihre schlafenden Ehefrauen mit Küssen zu wecken.
- ✕ In Eureka ist Bartträgern das Küssen verboten – leider war nicht herauszufinden, welches Eureka gemeint ist, denn dieser Name für eine Stadt kommt in den Vereinigten Staaten über 30 Mal vor – schlechte Karten für Männer mit Bart.
- ✕ In Hartford, Connecticut, ist es streng verboten, Frauen am Tag des Herrn zu küssen.
- ✕ In Baltimore, Maryland, darf ein Kuss in der Öffentlichkeit nicht länger als eine Sekunde dauern.
- ✕ In St. Louis, Missouri, dürfen Feuerwehrleute Frauen nur dann aus brennenden Häusern retten, wenn sie vollständig bekleidet sind.
- ✕ In New Mexiko geht Sex im Auto in Ordnung – allerdings nur hinter blickdichten Scheiben oder Vorhängen.
- ✕ In Coeur d'Alene, Idaho, hingegen steht Sex im Auto unter Strafe. Wenn Polizisten die »Verbrecher« auf frischer Tat ertappen, müssen sie vor der Verhaftung laut hupen – und dann drei Minuten warten.
- ✕ In Detroit, Michigan, ist Geschlechtsverkehr im Auto illegal, es sei denn, man treibt es auf dem eigenen Grundstück.
- ✕ In Aimes, Iowa, dürfen Ehemänner mit erkennbarer Alkoholfahne nicht zu ihren Frauen ins Bett steigen.

- ✗ In Wichita, Kansas, ist die Misshandlung der Schwiegermutter kein Grund für eine Scheidung.

OHNE SPERMIEN WIRD DAS NICHTS

Vaters Beitrag ist winzig, aber unerlässlich: Ohne ein erfolgreiches Spermium wird aus dem weiblichen Ei kein Embryo und schon gar kein wunderbares Baby. Das Wichtigste über die männliche Hälfte der Vermehrung wissen Sie vielleicht schon – hier noch ein paar ergänzende Fakten:

- ☞ Durchschnittlich produzieren Hoden an jedem Tag ungefähr 70 Millionen Spermien.
- ☞ Ein Spermium braucht etwa 60 bis 64 Tage, um heranzureifen. Dann ist es einsatzbereit, wandert zusammen mit Millionen anderer Spermien in den 5 bis 6 Meter langen Nebenhodengang. Dort bleibt es etwa einen Monat lang »scharf« – es büßt trotz der Wartezeit nichts von seiner Befruchtungsfähigkeit ein.
- ☞ Das Ejakulat eines gesunden und fruchtbaren Mannes enthält etwa 30 bis 600 Millionen Spermien.
- ☞ Im Gebärmutterhals der Frau überleben Spermien etwa fünf Tage und beziehen ihre Energie aus dem nährstoffreichen Zervixschleim. Ein durchschnittlicher Samenerguss enthält ungefähr 40 Millionen Spermien.

DADDY IS COOL!
BERÜHMTE VÄTER

Politiker, Schauspieler, Prominenz aus allen Gebieten des öffentlichen Lebens – sie sind berühmt, haben zum Teil Millionen von Fans und, wenn sie irgendwo auftreten, die gesamte Aufmerksamkeit ihrer Mitmenschen. Weniger berühmt sind sie als Väter von mittlerweile erwachsenen Söhnen oder Töchtern.

- Aerosmith lässt grüßen: Frontmann **Steven Tyler** (*1948) ist der Vater von Schauspielerin **Liv Tyler,** geboren 1968. Die Rolle des Vaters übernahm aber ein anderer Rocker: Todd Rungren, mit dem ihre Mutter liiert war.
- **Bill Clinton** (*1946) und **Chelsea Clinton** (*1980) zogen 1993 ins Weiße Haus ein, als die Tochter 13 Jahre alt war – sie war der erste Teenager im Weißen Haus.
- **Chris de Burgh** (*1948) und **Rosanna Davison** (*1984) sind trotz des unterschiedlichen Nachnamens Vater und Tochter. Der Songpoet schrieb sein Lied »Rosanna« für sie. 2003 erfreute die Tochter den Vater, in dem sie sich zur »Miss World« wählen ließ.
- **David Bowie** (*1947) und **Duncan Jones** (*1971) – der Vater steht für seine Musik, der Sohn folgte ihm nicht in dieses Genre, sondern arbeitet erfolgreich als Regisseur.
- Der britische Sänger **Noel Gallagher** (*1967), mit seinem Bruder Liam Gallagher Teil der legendären Britpop-Band »Oasis«, ist der Vater von **Anais Gallagher,** geboren im Jahr 2000 und mittlerweile als Model und Influencerin im Netz tätig.
- Der leibliche Vater des als Kind zur Adoption freigegebenen Apple-Gründers **Steve Jobs** (*1955) stammte aus Syrien.

Politikstudent **Abdulfattah Jandali** (*1931) betrieb später in Kalifornien mehrere Restaurants und bewirtete seinen Sohn einmal, ohne dass die beiden einander erkannten.

- Der Oscar-Preisträger **Jon Voight** (*1938) hat zu seiner Tochter **Angelina Jolie** (*1975) und zu seinem Sohn **James Haven** (*1973), beide Schauspieler, kein sonderlich gutes Verhältnis.
- Die Tochter von Rockstar **Lenny Kravitz** (*1964) ist die Schauspielerin **Zoë Isabella Kravitz**, geboren 1988. In ihrer beruflichen Ausrichtung folgt sie ihrer Mutter Lisa Bonet.
- **Donald Sutherland** (*1935) und Sohn **Kiefer Sutherland** (*1966) feiern Erfolge als Schauspieler gleich in Serie und spielten in zahllosen Haupt- und Nebenrollen.
- **Elvis Presleys** (*1935) Tochter **Lisa Marie Presley** (*1968) brauchte relativ lange, bis sie in die musikalischen Fußstapfen ihres Vaters trat – ihre erste musikalische Veröffentlichung erschien 2003, nachdem sie zuvor unter anderem mit Michael Jackson und Nicolas Cage verheiratet war.
- **George Bush** (*1924) und **George W. Bush** (*1946) – zwei US-Präsidenten in einer Familie: Vater George Herbert Walker Bush von 1989 bis 1993, Sohn George Walker Bush von 2001 bis 2009. Schon der Vater von George Bush Senior war Senator, und Bush Senior hat noch einen weiteren Sohn, der es bis zum Senator gebracht hat.
- **George W. Bush** (*1946) und seine Zwillingstöchter **Jenna** und **Barbara Bush** (*1981) verbrachten die ersten Jahre als Familie noch vor der US-Präsidentschaft ihres Vaters (2001 bis 2009).

- Hollywoodstar **Sean Penn** (*1960) ist der Vater von **Dylan Frances Penn** (*1991), die als recht freizügiges Model von sich reden macht.
- **Johnny Depp** (*1963) und **Lily-Rose Melody Depp** (*1999) lebten bis zur Trennung der Eltern 2012 als Familie mit Mutter Vanessa Paradis. Lily-Rose betätigte sich unter anderem als Muse von Karl Lagerfeld und warb mit ihrer Schönheit für Chanel.
- **Kirk Douglas** (1916–2020) ist der Vater von **Michael Douglas** (*1944). Beide waren bzw. sind berühmte Schauspieler.
- **Mick Jagger** (*1943) und **Jade Jagger** (*1971) – Jade Sheena Jezebel Jagger, geboren in Paris, ist zwar nicht Mick Jaggers einziges Kind, steht aber immer im Licht der Öffentlichkeit – als Model, Mode- und Schmuckdesignerin. Zu Hause ist sie in London oder auf Ibiza. Rolling-Stones-Frontmann **Mick Jagger** ist nicht nur musikalisch enorm fruchtbar. Unter anderem ist er der Vater von **Georgia May Ayeesha Jagger** (*1992), als Model tätig und in Werbekampagnen für Chanel, Miu Miu und Just Cavalli erfolgreich. Kein Wunder, denn ihre Mutter ist Supermodel **Jerry Hall.** Hall und Jagger haben zusammen drei weitere Kinder: **Elizabeth Scarlett Jagger** (*1984), **James Leroy Augustin Jagger** (*1985) und **Gabriel Luke Beauregard Jagger** (*1997). Im Alter von 73 Jahren wurde Mick Jagger übrigens zum achten Mal Vater. Sohn **Deveraux Octavian Basil Jagger** kam in New York auf die Welt, die Mutter ist die Balletttänzerin Melanie Hamrick, zum Zeitpunkt der Geburt 29 Jahre alt.

- **Nick Nolte** (*1941) ist doppelter Vater: Sein Sohn **Brawley Nolte** (*1986) stammt aus einer früheren Ehe und ist ebenfalls im Filmgeschäft tätig. Tochter **Sophie Lane Nolte** (*2007) spielte bereits an Vaters Seite eine Hauptrolle in Til Schweigers wenig erfolgreichem Spielfilm *Head Full of Honey*.
- **Nick Clooney** (*1934) und **George Clooney** (*1961) – bei diesem Paar ist der Sohn George Clooney, Schauspieler, der bekanntere, zumindest in Europa. Gemeinsam treten Vater Nick, Journalist und Nachrichtensprecher, und Sohn George für den Frieden im Sudan ein. Sie wurden auch schon mal auf einer Demonstration für ihre gemeinsame Sache verhaftet.
- **Otto Sander** (*1941) und **Ben Becker** (*1964) – vermutlich ist der ältere das väterliche Vorbild des jüngeren Schauspielers, doch trotz der ähnlich tiefen Brummstimme ist Otto Sander nur der Stiefvater von Ben Becker.
- **Paul McCartney** (*1942) ist vierfacher Vater. Aus seiner ersten Ehe mit der Fotografin Linda Eastman gingen drei Kinder hervor: **Mary** (*1969), **Stella** (*1971) und **James** (*1977). Linda Eastmans Tochter **Heather** (*1962) aus erster Ehe wurde von Paul McCartney adoptiert. Nachdem Linda Eastman 1998 an Krebs verstorben war, heiratete McCartney 2002 das Exmodel Heather Mills. Als Tochter **Beatrice Milly** (*2003) geboren wurde, war ihr Vater bereits 61 Jahre alt. 2006 verlor sie ihr Elternhaus: McCartney und Mills ließen sich scheiden.
- Popsänger **Eros Ramazzotti** (*1963) ist der Vater von **Aurora Ramazzotti** (*1996), die vor allem wegen ihrer guten Bezie-

hung zur Mutter **Michelle Hunziker** immer wieder im Fokus der Regenbogenpresse steht.

- **Prinz Charles** (*1948) und **Sohn William** (*1982) stehen gemeinsam ganz oben auf der Hitliste der britischen Thronfolge: der Vater auf Platz 1, gefolgt vom Sohn auf Platz 2 und **Enkel George** (*2013) auf Platz 3.
- **Robert De Niro** (*1943) gehört zum Klub der späten Väter. Sein jüngstes Kind, Tochter **Helen Grace,** kam, ausgetragen von einer Leihmutter, im Dezember 2011 zur Welt. Mit Exmodel und Schauspielerin Grace Hightower wurde er auch Vater von Sohn **Eliot** (*1999). Aus früheren Beziehungen stammen vier weitere Kinder: die adoptierte **Drena** (*1971), Sohn **Raphael** (*1976) und die Zwillinge **Julian** und **Aaron** (*1995), die auch von einer Leihmutter zur Welt gebracht wurden.
- Rockstar **Rod Stewart** (*1945) ist ebenfalls mehrfacher Vater. Stewarts erste Tochter **Sarah** (*1964) stammt aus der Verbindung mit der Malerin Susannah Boffey. Tochter **Kimberly** (*1979) und Sohn **Sean** (*1980) stammen aus erster Ehe, Tochter **Ruby** (*1987) aus einer Beziehung mit dem Model Kelly Emberg. Eine zweite Ehe mit Model und Schauspielerin Rachel Hunter brachte Tochter **Renee** (*1992) und Sohn **Liam** (*1994) hervor. Seine dritte Ehefrau Penny Lancaster schenkte ihm Sohn **Alastair** (*2005) und Nachzügler **Aiden** (*2011). Offenbar macht es ihm Spaß, Vater zu sein.
- Sangeslegende **Howard Carpendale** (*1946) ist Vater von Schauspieler und Moderator **Wayne Carpendale** (*1977). Die beiden standen auch schon gemeinsam vor der Kamera.

- Oscar-Preisträger **Jeremy Irons** (*1948) und die irische Schauspielerin **Sinéad Cusack** haben mit Max Irons (*1985) einen gemeinsamen Sohn, der als Model arbeitet und seinem Vater auch als Schauspieler folgt.
- Schauspiellegende **Clint Eastwood** (*1930) ist der Vater von Sohn **Kyle Eastwood** (*1968), als Musiker bekannt, und Tochter **Alison Eastwood**, (*1972), die als Schauspielerin und Model tätig ist. Clint Eastwood ist Vater von insgesamt sieben (andere Quellen sagen acht) Kindern mit fünf Frauen. Die älteste Tochter **Kimber** (*1964) ist als Filmproduzentin tätig, **Scott Eastwood** (*1986) arbeitet als Schauspieler und Model. Die jüngste Tochter heißt **Morgan Eastwood** (*1996). Als sie geboren wurde, war ihr Vater schon 66 Jahre alt.
- Slalomlegende **Christian Neureuther** (*1949) stellte seinen Sohn **Felix Neureuther** (*1984) schon als Kind auf Skier, wobei ihn Mutter **Rosi Mittermaier** sicher unterstützte. Skislalom ist sozusagen Familiensport.
- **Tom Hanks** (*1956) und **Colin Hanks** (*1977) – den Oscar wie sein Vater Tom Hanks hat Sohn Colin noch nicht erhalten, aber er ist als Schauspieler in seine Fußstapfen getreten. Noch sind es nicht die ganz großen Rollen, aber wer weiß?
- **Uwe Ochsenknecht** (*1956) und seine Söhne **Jimmy Blue Ochsenknecht** (*1991) und **Wilson Gonzalez Ochsenknecht** (*1990) standen schon früh gemeinsam vor der Kamera, nämlich in den *Die Wilden Kerle*-Filmen.
- Von seinem Vater **Leonard Cohen** (*1934) erbte Sohn **Adam**

Cohen (*1972) seine musikalischen Gene – Vater und Sohn weisen große Ähnlichkeit in Gesang und Arrangements auf.

- Modedesigner **Wolfgang Joop** (*1944) hat zwei kreative Töchter: **Henriette Elisabeth, genannt Jette Joop** (*1968), und **Florentine Joop** (*1973). Jette verdient ihren Lebensunterhalt als Schmuck- und Modedesignerin. Florentine ist Kinderbuchillustratorin, Malerin und Autorin.

VÄTERN MIT VIELEN KINDERN

- Die 1,54 Kinder einer durchschnittlichen deutschen Familie wären diesen Vätern sicherlich nicht genug gewesen, sie strebten – warum auch immer – danach, ihre Gene möglichst oft zu reproduzieren. Schuld daran war vermutlich ganz einfach Mutter Natur, die ja gern zur Fülle neigt.
- Bob Marley – Reggae-Ikone, hatte offiziell 11 leibliche Kinder, Gerüchte schreiben ihm allerdings bis zu 46 leibliche Nachkommen zu.
- Charlie Chaplin – die Legende der Leinwand lebt in 11 Kindern weiter.
- Daniel Jerome Kelly – Vater der Kelly-Family, Kinder: Danny; Caroline; Kathy; Paul; John; Patricia; Jimmy; Joey; Barby; Michael Patrick; Maite und Angelo.
- Eddie Murphy hat stolze 10 Kinder mit mehreren ausgesprochen hübschen Müttern.

SPIELZEUGE – WAS FÜR WELCHES KIND?

Als Vater sollten Sie auf jeden Fall wissen, womit Ihre Kinder besonders gern spielen – schon aus dem einfachen Grund, dass Ihre Geschenke damit auf positive Resonanz stoßen.

- Sammelpuppen für Mädchen, als Überraschungen in Kugeln verpackt, waren 2019 ein Verkaufsschlager mit mehr als 1,6 Millionen Stück.
- Ebenfalls gefragt: Pokémon-Sammelkarten und andere Spielzeuge mit Comic-Taschenmonstern.
- Immer noch im Rennen sind die Klassiker: Brettspiele, Holzspielzeug, Puppen, Kuscheltiere, Modelleisenbahnen und Spielzeugautos.
- Elektronische Geräte wie Spielkonsolen, Smartphones, Tablets und Musikelektronik werden von 68 bis 77 Prozent der 7- bis 14-Jährigen als Geschenk besonders geschätzt.
- Elektronisches Spielzeug wie Funkgeräte und elektronische Haustiere kommt bei etwa einem Drittel der Kinder aller Altersstufen gut an.
- Karten- und Gesellschaftsspiele sind mit etwa zwei Drittel Zustimmung bei Kindern zwischen 5 und 11 Jahren besonders beliebt.
- Modelle und Konstruktionsspielzeug werden von rund 45 Prozent aller Altersstufen geschätzt, wobei das Interesse in der Altersgruppe der 12- bis 14-Jährigen etwas nachlässt. Besonders beliebt: Kugelbahnen zum Zusammenstecken.

- Rund 40 Prozent der Kleinkinder sind begeistert von Musikspielzeug, eine Vorliebe, die mit zunehmendem Kindesalter (bis etwa 12 Jahre) auf ungefähr 20 Prozent Zustimmung absinkt.

- Mit Zustimmungsraten zwischen 61 Prozent (0 bis 2 Jahre) und 54 Prozent (3 bis 4 Jahre) haben Puppen und Stofftiere ihre meisten Fans unter den ganz kleinen Kindern. In späteren Jahren sinken die Beliebtheitswerte bis auf 26 Prozent zwischen 12 und 14 Jahren.
- Zunehmendes Interesse haben interaktive Kuscheltiere zu verzeichnen. Sie bewegen sich und kommunizieren mit den Kindern. Plüschautos lassen sich sogar fernsteuern.
- Puzzles und Knobelspiele sind eine sichere Bank, wenn es um Geschenke geht. Vom Kleinkind bis zum 8-Jährigen mag sie mehr als die Hälfte aller Kinder, danach sind es immerhin noch 45 Prozent.
- Sogenanntes MINT-Spielzeug (wie zum Beispiel Chemiekästen) wird von etwa einem Viertel aller Kinder aller Altersgruppen geschätzt, kommt also nicht immer gut an.
- Spielzeugfiguren treffen bei Kindern bis zu einem Lebensalter von 8 Jahren auf großes Interesse (maximal 58 Prozent), ab 9 Jahren lässt die Begeisterung etwas nach.
- Sportspielzeuge wie Bälle, Rutschen, Schaukeln und Scooter sowohl für Innenräume als auch für draußen kommen bei mehr als der Hälfte aller Altersgruppen gut an.
- Spielzeuge in der Form von Waffen wie Pistolen und Holzschwerter erreichen nur noch Begeisterungswerte zwischen 13 und 24 Prozent. Zumindest die Welt der Kinder ist friedlicher geworden.

SPIELZEUGE DER VERGANGENHEIT

Während die Spielzeuge unserer Tage eine unumkehrbare Tendenz zu immer mehr Technik haben und oft eine Rechenleistung in sich tragen, welche die des Computers in der Mondfähre um ein Vieltausendfaches übertrifft, kann es nicht schaden, einen Blick in die Vergangenheit zu werfen. Womit haben die Kinder vergangener Jahrhunderte gespielt – und könnten auch unsere Kinder noch Spaß daran haben?

- Schaukelpferd – heute eine Antiquität, als Dekogegenstand in Gebrauch
- Dilldopp – einfaches Spiel mit einer Peitsche und einem Kreisel
- Hula-Hoop-Reifen – Trendspielzeug der 1950er- und 1960er-Jahre
- Rollschuhe – noch mit vier Rollen aus Eisen
- Seifenkiste – Kinderfahrzeug, meist aus einem alten Kinderwagen selbst gebaut
- Modelleisenbahn – meist in Vater-Sohn-Symbiose genutzt
- Carrerabahn – frühes Technikspielzeug
- Metallbaukasten – Vorbereitung für Jungen auf einen technischen Beruf
- Tretroller – mit Luftreifen und farbiger Gestaltung, aber ohne Antrieb
- Federball – Kindersportart auf der noch autofreien Straße
- Murmeln – eine Art Miniatur-Boccia
- Modellautos – Jungen- und Männerträume im Kleinformat

KINDERKLASSIKER

KINDERBUCHKLASSIKER

Bis die Kinder so groß sind, dass sie allein lesen, dauert es eine Weile. Aber auch dann ist es der Vater (wenn nicht die Mutter), der mit seinen Vorschlägen für Bücher der kindlichen Fantasiewelt eine Richtung geben kann. Hier eine Liste von Kinderbuchklassikern, die Spaß machen und nicht ganz unintelligent sind.

- Enid Blyton: *Fünf Freunde – Hanni und Nanni*
- Robert Bolt: *Der kleine dicke Ritter*
- Eoin Colfer: *Artemis Fowl – Die Verschwörung*
- Eric Carle: *Die kleine Raupe Nimmersatt*
- Tina Caspari: *Bille und Zottel*
- Walt Disney: *Bambi und seine Freunde*
- Michael Ende: *Jim Knopf und Lukas der Lokomotivführer; Momo*
- Kenneth Grahame: *Der Wind in den Weiden*
- Gebrüder Grimm: *Die Märchen der Gebrüder Grimm*
- Oliver Hassencamp: *Die Jungens von Burg Schreckenstein*
- Friedrich Hechelmann / Wilhelm Hauff: *Zwerg Nase*
- Kurt Held: *Die rote Zora und ihre Bande*
- Hergé: *Tim und Struppi*
- Alfred Hitchcock: *Die drei Fragezeichen und das Labyrinth der Götter*
- Erich Kästner: *Emil und die Detektive*
- Annette Langen: *Die kleine Motzkuh*
- Hans-Georg Lenzen: *Viel Spaß mit Onkel Tobi*

- 🕮 Astrid Lindgren: *Die Brüder Löwenherz; Die Kinder aus Bullerbü*
- 🕮 Astrid Lindgren: *Jule und die Seeräuber; Pippi Langstrumpf*
- 🕮 Mira Lobe: *Das Kleine Ich bin ich*
- 🕮 Paul Maar: *Sams in Gefahr* u. a.
- 🕮 Karl May: *Winnetou und Old Shatterhand*
- 🕮 Sven Nordqvist: *Wie Findus zu Pettersson kam*
- 🕮 Christine Nöstlinger: *Wir pfeifen auf den Gurkenkönig*
- 🕮 Scott Odell: *Insel der blauen Delfine*
- 🕮 Lennart Osbeck: *Mein Esel Benjamin*
- 🕮 Otfried Preußler: *Der kleine Wassermann; Der Räuber Hotzenplotz; Die kleine Hexe*
- 🕮 Philip Pullman: *Der Goldene Kompass*
- 🕮 Morton Rhue: *Die Welle* (für Jugendliche)
- 🕮 Morton Rhue: *Ich knall euch ab* (für Jugendliche)
- 🕮 Belinda Rodik: *Meine ersten Hexengeschichten*
- 🕮 Joanne K. Rowling: *Harry Potter und der Feuerkelch*
- 🕮 Joanne K. Rowling: *Harry Potter und der Gefangene von Askaban*
- 🕮 Joanne K. Rowling: *Harry Potter und der Stein der Weisen*
- 🕮 Joanne K. Rowling: *Harry Potter und die Kammer des Schreckens*
- 🕮 Marlis Scharff-Kniemeyer: *Gute Nacht, mein Mäuschen*
- 🕮 Maurice Sendak: *Wo die wilden Kerle wohnen*
- 🕮 Anna-Clara Tidholm: *Klopf an*
- 🕮 J. R. R. Tolkien: *Der kleine Hobbit*

KINDER-TV-KLASSIKER

Auch junge Väter sollten einmal einen Blick in die Medienvergangenheit werfen, als Kinderserien nicht nur gesendet, sondern – zumindest manchmal – auch mit Sendungsbewusstsein produziert wurden und als Unterhaltung voller Qualität Kinder an den Bildschirm fesselten. Hier eine Auswahl – es lohnt sich, tiefer zu recherchieren, vieles gibt es im Netz zu sehen.

- Alice im Wunderland
- Barbar der Elefant
- Captain Future
- Catweazle
- Daktari
- Der kleine Maulwurf
- Die Biene Maja
- Bugs Bunny
- Die Dinos
- Die Schlümpfe
- Die Sendung mit der Maus
- Die Sesamstraße
- Familie Feuerstein
- Flipper
- Fury
- Grisu, der kleine Drache
- Heidi
- Jim Knopf
- Lassie

VOM HOSENMATZ ZUM PUBERTÄTER – WARNENDES WISSEN

Es sind viele Jahre, die Sie mit Ihren Kindern verbringen – von der frühen Kindheit bis zur Pubertät und darüber hinaus. Sie werden viele schöne Erlebnisse in das Buch Ihrer Erinnerungen eintragen können, sich aber auch mit Sachverhalten konfrontiert sehen, auf die Sie vorbereitet sein sollten. Bleiben Sie gelassen! Das menschliche Gehirn besitzt über 100 Milliarden Nervenzellen, die ihr Nachwuchs strapazieren kann, wenn Sie es zulassen. Es könnte zum Beispiel sein, dass Ihre Sprösslinge an Ihnen kleben wie Kletten …

NESTHOCKER

- Ihre erste eigene Wohnung kaum erwarten können die Schweden. Sie ziehen durchschnittlich bereits im Alter von 19 Jahren in die erste eigene Bude.
- Deutsche verlassen ihr Kinderzimmer erst im Alter von 24 Jahren.
- Am längsten daheim in Europa bleibt der Nachwuchs in Montenegro. Er zieht erst mit rund 33 Jahren von zu Hause aus.
- In fast allen Ländern Europas verlassen Töchter übrigens schneller als Söhne das Elternhaus.
- Wer viele Brüder hat, wird auch mit erhöhter Wahrscheinlichkeit einen Sohn zeugen.
- Umgekehrt gilt: Männer mit vielen Schwestern werden mit größerer Wahrscheinlichkeit eine Tochter zeugen. Diese

Veranlagung wurde den Männern von ihren Vätern vererbt.

- Gefährliche Muttersöhnchen: Eine britische Studie unter rund 8000 jungen Männern im Alter zwischen 20 und 24 Jahren ergab, dass Mitglieder dieser Gruppe besonders gewalttätig sind, wenn sie noch im Hotel Mama wohnen. Experten führten dies unter anderem auf fehlende Verantwortung, eine fehlende Partnerschaft und erhöhten Alkoholkonsum zurück.

JUGENDSPRACHE

Väter sollten ja jugendnahe Menschen sein, und wenn Sie bereits ein pubertierendes Menschenwesen zu Ihrer Familie zählt, werden Sie viele der Begriffe in der folgenden Aufzählung bereits kennen – und sogar neuere. Manches wird Ihnen auch aus eigenen Jugendtagen geläufig sein und auch der Großvater und die Großmutter Ihrer Kinder haben in Ihrer Vergangenheit einiges zu diesem Teil der deutschen Sprache beigetragen. Sollten Ihre Kinder noch zu jung für kreative Sprachexperimente sein, werden Sie sicher in ein paar Jahren wieder eine ganz andere Jugendsprache sprechen …

- **Ahnma!** – Versuche, es zu verstehen.
- **Arschfax** – in die Jahre gekommene Jugendsprache; auch: Du hast ein Fax bekommen! Einfallsreiche Bezeichnung für ein Markenschild, das hinten aus einer Hose hängt.

- **Asi-Schale** – der Imbissbuden-Kreativität entstammender Ausdruck; in Gebrauch für unterschiedliche Nahrungsmittel; meist ist eine Schale Pommes frites rot-weiß gemeint.
- **Auf dein Nacken!** – auf deine Rechnung, auf deine Kosten.
- **Babo** – der Boss, der Chef oder Anführer.
- **Brauereitumor** – nicht etwa eine Geschwulst bei Hopfenkrebs, schlicht und einfach ein Bierbauch.
- **Burner** – bereits in den *Duden* und ins Vokabular der Geissens eingegangener Begriff aus der Jugendsprache; etwas ist voll der Burner, wenn es sich ohne die Einnahme von Drogen oder den Konsum bewusstseinserweiternder Fernsehsendungen nicht mehr steigern lässt.
- **Cool** – eines von zwei Restadjektiven der (frühen) Jugendsprache dieses Landes; es gab Zeiten, da benötigte man in gewissen Kreisen keine weiteren Adjektive. Wenn etwas nicht cool war, war es eben komplett uncool. So einfach kann Sprache sein! Das fällt mir ein: Was ist eigentlich aus »geil« geworden? Das kam doch noch vor cool – fast vergessen? Nein, nur etwas abgegriffen.
- **Das burnt** = Es erzeugt ein Gefühl.
- **Das rult** = Das finden sicher alle gut, also auch ich.
- **Dissen** – Wort aus der Jugendsprache, das eine ganze Menge weitaus aussagestärkerer deutsche Worte diskriminiert: jemanden schlechtmachen, schräg anmachen, respektlos behandeln oder schmähen.
- **Downmucke** – der jugendliche Sprachverbrecher kennt keine Moral; zuerst wird das schöne Wort Musik abgemurkst

und zur bäuerlich-dumpfen Mucke umgefummelt. Und dann wird vorne noch ein *down* drangepappt, das für Melancholie, Depression stehen soll. Stimmt, da kann man schon depressiv werden.

- **Ehrenmann/Ehrenfrau** – Bezeichnung für jemanden, der sich vorbildlich verhält.
- **Fermentieren** – kontrolliertes Gammeln.
- **Fernschimmeln** – nicht am gewohnten Platz chillen.
- **Gammelfleischparty** – Ü-30 Partys.
- **Guttenbergen** – das Kopieren und rücksichtslose Zitieren von Informationen.
- **Hirn-Spar-Abo** – treffende jugendsprachliche Bezeichnung der Befindlichkeit von Menschen mit geringer Nutzung ihres eigenen Denkapparates.
- **Honk** – Abkürzung: Hauptschüler ohne nennenswerte Kenntnisse.
- **Lauch** – Trottel, Vollpfosten, dämlicher Typ.
- **Läuft bei dir** – cool, krass, du hast es drauf.
- **Lindnern** – man tut etwas lieber gar nicht als schlecht; könnte mit Christian Lindner zusammenhängen.
- **Lit** – sehr cool.
- **Maurerdekolleté** – die Po-Falte des aktiven Handwerkers, wenn dieser zu kurze Hosen trägt, auch bekannt als Maurerbrötchen.
- **Mehrfachtwen** – neudeutsch für Opa oder Oma.
- **Merkules** – Mischung aus Merkel und Herkules; Name eines Rappers und wohl allgemein eine Bezeichnung für

einen Kraftmenschen, der schier unlösbare Aufgaben bewältigt.

- **Münzmalle** – treffende jugendsprachliche Bezeichnung für ein Sonnenstudio; auch Asi-Toaster genannt.
- **Nicenstein!** – perfekt!
- **Schatzlos** – single, ohne Partner.
- **Sheeesh!** – bedeutet so viel wie »Wirklich? Echt jetzt?«
- **Sozial tot** – nicht in den sozialen Netzwerken aktiv.
- **Tacken** – auf dem Klo Texte ins Smartphone tippen, Mischung aus texten und kacken.
- **Teilzeittarzan** – jemand, der sich gelegentlich wie ein Affe verhält.
- **Tinderjährig** – alt genug, um die Dating-App Tinder zu benutzen.
- **Trumpeten** – leere Versprechungen machen (abgeleitet von Donald Trump).
- **Yo** = He, du da!
- **Yolo** – *you only live once.*

KÖRPERSCHMUCK

Angehende und junge Väter gehören vermutlich selbst zu den begeisterten Fans von Tattoos und Piercings und schmücken sich vielleicht mit Bauchnabelringen und Snakebites. Etwas ältere und konservativ denkende Väter haben möglicherweise ein Problem damit, halten nur den unversehrten menschlichen Körper für attraktiv und alle Tätowierungen für Teufelswerk und eine Verschandelung natürlicher Schönheit. Diese ältere Generation hat ihren Kindern den Körperschmuck vielleicht zum gewünschten Zeitpunkt verboten und auf später verschoben: »Das kannst du machen, wenn du 18 bist!« Heute taucht das komplexe Problem auf, dass tätowierte Väter ihre 12-jährigen Kinder noch um ein wenig Geduld bitten möchten. Ist das eigentlich nötig? Wohl kaum, halb Deutschland ist mittlerweile tätowiert.

☞ Rechtlich gesehen gelten Piercings und Tattoos als mutwillige Körperverletzung. Sie bleiben nur straffrei, weil die betroffene Person selbst in den Eingriff einwilligt.

☞ Bei 14- bis 16-Jährigen ist die Anwesenheit der Eltern bei allen Terminen im Tattoo-Studio Pflicht. Die Aufklärung über die Gefahren, die eigentliche Durchführung und auch die Nachsorge bezieht immer die Erziehungsberechtigten mit ein.

☞ Wenn 16-jährige Jugendliche sich tätowieren lassen wollen, brauchen sie eine schriftliche Einwilligung der Eltern – doch diese Regelung steht juristisch auf unsicheren Füßen.

☞ Laut einer Umfrage des Ipsos-Instituts im Jahr 2019 ist etwa jeder Fünfte in Deutschland tätowiert. Besonders verbreitet sind Tattoos in der Gruppe der 20- bis 29-Jährigen; fast jeder Zweite (47,1 Prozent) trägt mindestens eines auf seiner Haut. Immerhin noch ein Drittel (33,9 Prozent) der 30- bis 39-Jährigen besitzt eines oder mehrere Tattoos. Nur geringfügig weniger sind es bei den 40- bis 49-Jährigen mit 28,1 Prozent. Die Häufigkeit sinkt bei den 50- bis 59-Jährigen – nur noch 17,1 Prozent zeigen durch tätowierte Kunstwerke verschönerte Haut. Die Hardcore-Fans finden sich in der Gruppe der 30- bis 59-Jährigen: 2 Prozent von ihnen trugen mehr als 20 tätowierte Kunstwerke auf ihrer Haut.

ZEITFRESSER SMARTPHONE

Neben ausreichenden finanziellen Mitteln fehlt es jungen Vätern oft noch an einer weiteren Ressource: Zeit für ihre Kinder. Es gibt da nämlich eine elektronische Konkurrenz …

- 89 Prozent der Deutschen besitzen ein Smartphone. Ungefähr 94 Prozent der Smartphone-Besitzer verwenden das Smartphone täglich.
- 31 Prozent spüren ein zwanghaftes Bedürfnis, immer wieder auf das Smartphone zu schauen.
- 59 Prozent nutzen ihr Smartphone außerhalb der Arbeitszeit für berufliche Dinge.
- 24 Prozent haben bereits »Zeitfresser«-Apps gelöscht.
- Nur noch 31 Prozent telefonieren täglich mit dem Smartphone. Die Nutzung von WhatsApp und E-Mail steigt dagegen weiter. 50 Prozent der Nutzer zwischen 18 und 24 schauen mindestens einmal pro Stunde nach neuen WhatsApp-Messages.
- Sogar Großeltern zählen zu den Geschädigten: Selbst in der Bevölkerungsgruppe über 65 Jahren liegt der Anteil der Smartphone-Besitzer mittlerweile bei 79 Prozent.

AUF KLASSENFAHRT

Man konnte haarsträubende Geschichten in der Sensationspresse darüber lesen – Lehrer hingegen versuchen meist, den Ereignishorizont einer Klassenfahrt dem eines Schwarzen Lochs anzugleichen – was einmal darin verschwunden ist, kommt nie wieder zum Vorschein. Übrig bleiben anonymisierte Informationen im Telegrammstil, die einen unerfahrenen Vater aber dennoch auf das Gefahrenpotenzial einer Klassenfahrt aufmerksam machen können. Über die folgenden Ereignisse berichteten gewöhnlich gut unterrichtete Kreise und leidgeprüfte erziehungsberechtigte Begleitpersonen:

- Das Strohrum-Dilemma (Reiseziel Marburg an der Lahn): Schüler der Mittelstufe hatten aus der Bar eines Vaters mehrere Flaschen eines bis zu 80-prozentigen alkoholischen Getränks entwendet und auf der Zugfahrt konsumiert. Einige Schüler wurden in komatösem Zustand in die Jugendherberge angeliefert – heute wären sie im Krankenhaus gelandet, in den frühen 1970er-Jahren nahm man es noch nicht so genau. Alle überlebten mit einem unglaublichen Kater.
- Der Neuanstrich (Niederbayern): Eine Schülergruppe aus Berlin im Grundschulalter wird von schwerem Tatendrang geplagt und beschließt, den Raum, in dem die Schuhe der Kinder aufbewahrt werden, neu zu streichen. Da sie aber keine herkömmliche Farbe haben, werden sie kreativ und verwenden den duftenden Braunton, den sie besser in der Toilette entsorgt hätten. Nicht nur der Herbergsvater, auch

der Klassenlehrer benennt die Aktion mit den Worten: »Ganz schön Scheiße!«

- Die Eisenbahn-Katastrophe (Baden-Württemberg): Schüler wollen mithilfe der Lokalbahn Eisenstangen zu Schwertern bzw. Macheten verformen. Die Lokalbahn spielt nicht mit – sie entgleist. Eine interessante Frage: Wer zahlt den Schaden in einem solchen Fall?
- Fruchtbare Exkursion (Bosnien): Nur fünf Tage lang dauerte die Klassenreise, doch die kurze Zeit genügte: Sieben der mitgereisten Mädchen zwischen 13 und 14 Jahren kehrten schwanger zurück.
- Waffen und Drogen: Bei Schülern aus Niedersachsen, die 2018 eine Klassenfahrt nach Neuruppin unternommen haben, wurden Waffen und Drogen gefunden. Ein 13-Jähriger hatte ein Klappmesser und ein sogenanntes Butterfly-Messer dabei, ein 14-Jähriger einen Vorrat an Cannabis. Für beide Schüler endete damit die Klassenfahrt, ihre Eltern durften sie abholen.
- Berlin ist eine Reise wert, aber für sechs Schüler der Stufe neun eines Gymnasiums in Schmallenberg im Sauerland endete 2019 die Klassenfahrt in die Hauptstadt abrupt mit der Heimreise, nachdem sie beim Kiffen erwischt worden waren.

WEITERE POTENZIELLE KATASTROPHEN

Als Vater üben Sie sich am besten in Gelassenheit, wenn Sie Ihre Kinder durch die turbulente Phase der Pubertät begleiten:

☞ Sollten Sie Ihre Kinder mit Argumenten nicht erreichen: Das ist kein Wunder, ist ihr Gehirn doch wegen Umbaus geschlossen! Trösten Sie sich damit, dass diese Phase selten länger als vier Jahre dauert.

☞ Die eigenen Kinder duften für die Nasen von Erwachsenen ziemlich gut oder zumindest neutral, werden aber plötzlich zu Stinkern: In der Pubertät neigen sie verstärkt zum Schwitzen. Einfaches Gegenmittel: häufiger waschen, vor allem dort, wo die stärksten Duftwellen herkommen – unter den Achseln und an den Füßen. Es schadet aber nicht, den ganzen Körper intensiver zu reinigen. Manche pubertierenden Jugendlichen werden von sich aus zu Duschfanatikern.

☞ Ziemlich überraschend finden es Jungen, wenn sie während der Pubertät einen Busen bekommen. Allerdings handelt es sich dabei nicht um ausgewachsene Brüste, sondern um je eine kleine Wölbung rund um die Brustwarze. Diese Erscheinung hat sogar einen medizinischen Namen: Pubertätsgynäkomastie. Fast 50 Prozent aller Jungen im Alter zwischen 12 und 14 Jahren sind davon betroffen, finden diese Erscheinung äußerst peinlich und können sich damit trösten, dass sich das Gewebe vollständig zurückbildet – jedenfalls fast immer.

☞ Auch pubertierende Mädchen haben oft Ärger mit den Brüsten: Sie wachsen in manchen Fällen nicht gleichmäßig – eine

Brust schwillt schneller und stärker an als die andere. Diese Erscheinung hängt wahrscheinlich mit einer unterschiedlich starken Durchblutung der Körperhälften zusammen und heißt medizinisch Anisomastie. Oft regelt sich die Angelegenheit von allein und die Größe der beiden Brüste gleicht sich mit der Zeit an. Viele Frauen behalten aber ihr Leben lang unterschiedlich große Brüste, sodass manche sogar eine operative Angleichung vornehmen lassen.

☞ Richtig viel Action unter der Bettdecke? Kann das noch gesund sein, fragen Sie sich? Absolut. Häufiges Masturbieren in der Pubertät schützt vor Prostatakrebs in späteren Jahren.

☞ Rechnen Sie mit erheblichen Hormonwirkungen bei Ihrem Sohn! Während Mädchen »nur« zu Stimmungsschwankungen tendieren, kann das viele Testosteron bei Jan-Philipp oder Tim-Alwin üble Saufgelage, hirnloses S-Bahn-Surfen oder im schlimmsten Fall bewaffnete Bandenkriege verursachen. Nein, es hilft dann nicht, die Vaterschaft abzustreiten.

DER VATER, DAS WANDELNDE LEXIKON

Kinder stellen pro Tag angeblich ca. 400 Fragen an die Erwachsenen. Die folgenden Fakten über die wunderbare Welt da draußen kann sich jeder Vater leicht merken und sorgen beim Nachwuchs für staunende Münder. Sie müssen nur dafür sorgen, dass Ihre Kinder die richtigen Fragen stellen.

GANZ SCHÖN CHAOTISCHES ALLGEMEINWISSEN

Manche Erkenntnisse finden dann ihre beste Ordnung, wenn sie kreuz und quer gesammelt und gegenübergestellt werden.

☞ 1913 veröffentlichte die Zeitschrift *New York World* das erste **Kreuzworträtsel**.

☞ An **Wahltagen** darf in Norwegen kein Alkohol verkauft werden.

☞ Bis zum 17. Jahrhundert hatten die **Schuhe** für den linken und den rechten Fuß dieselbe Form.

☞ Das mit Plastik eingefasste Ende des **Schnürsenkels** wird Nadel genannt.

☞ Der **Erfinder des Bikinis** war nicht etwa Modeschöpfer, sondern Maschinenbauingenieur.

☞ Die ersten **Parkuhren** wurden 1935 in Oklahoma aufgestellt.

☞ Eine **Durchschnittsperson** telefoniert pro Jahr ungefähr 1140 Mal.

☞ Frauen **zwinkern** ungefähr doppelt so oft wie Männer.

- ☞ In Schweden heißt die Mutter *mor*, die **Großmutter** *mormor* und Urgroßmutter heißt allen Ernstes *gammelmormor*.
- ☞ Eine **Kalenderabsonderlichkeit:** Fällt der 1. Mai z.B. auf einen Montag, so fängt im betreffenden Jahr kein anderer Monat mit einem Montag an.
- ☞ Eskimos benutzen **Kühlschränke,** damit ihre Lebensmittel nicht einfrieren.
- ☞ In Deutschland gibt es noch 989 Menschen, die den Beruf des **Schäfers** ausüben.
- ☞ In Hongkong gibt es eine Regel, die mancher Lehrer auch für unsere Schulen begrüßen würde: Schüler, die während des Unterrichts schwätzen, dürfen mit einem einfachen Mittel ruhiggestellt werden. Sie bekommen ein **Pflaster** über den Mund geklebt.
- ☞ Justin Bieber steht auf die **Musik** von Helene Fischer.
- ☞ **Lego** stellt pro Jahr 500 Millionen Reifen her. Damit gehört das Unternehmen zu den größten Reifen-Herstellern der Welt.
- ☞ Es ist verboten, in **Maryland** einen Löwen mit ins Kino zu nehmen.
- ☞ Man will dies, bekommt aber das: Paul Beiersdorf wollte 1882 ein neues Heftpflaster entwickeln, aber der verwendete Kleber reizte die Haut zu stark. Letztlich vermarktete er das Produkt als **Tesafilm**.
- ☞ Reinfall: Allein in Großbritannien fallen jedes Jahr mehr als **850 000 Handys in die Toilette**.
- ☞ Zigaretten der Marke Marlboro hatten früher einen Filter in **Rosa**, weil man darauf Lippenstift nicht sehen konnte.

- Wer in Deutschland eine **Atomexplosion** auslöst, muss mit einer Geldstrafe oder fünf Jahren Gefängnis rechnen.
- Der Durchschnittsmensch träumt jedes Jahr ungefähr **1460 Träume**.

FUSSBALL UND ANDERE SPORTARTEN

Fakten aus der Welt des Sports und vorrangig Kickerkenntnis beeindrucken vor allem männlichen Nachwuchs, aber die Töchter ziehen zunehmend nach.

- Die englische Football Association wurde 1863 gegründet und markierte den Start des organisierten Fußballs in Großbritannien. Dieser erfolgte in Deutschland erst 1900 mit der Gründung des DFB.
- Das erste Länderspiel der Welt fand 1872 auf dem Hamilton Crescent bei Glasgow zwischen Schottland und England statt. Es kamen 4000 Zuschauer. Das Spiel endete unentschieden mit null zu null.
- Der Weltfußballverband FIFA wurde 1904 in Paris von Carl Anton Wilhelm Hirschmann und Robert Guérin gegründet, 26 Jahre vor Austragung der ersten Fußballweltmeisterschaft im Juli 1930.
- 1891 wurden die ersten Fußballtore mit Netzbespannung aufgestellt, in Nottingham.
- Das erste Cheerleader-Team formierte sich am 2. November 1898 bei einem Endspiel im American Football zwischen den

Teams der University of Minnesota und der Northwestern University. Eine der Mannschaften sollte mit Anfeuerungsrufen unterstützt werden. Zum Team gehörten ausschließlich Männer.

- Regelmäßige Linienflüge nach Südamerika? Die gab es 1930 noch nicht. Deshalb mussten die Spieler der europäischen Nationalmannschaften zur WM in Uruguay 20 Tage lang mit dem Schiff anreisen.
- Indien verzichtete 1950 aus Protest trotz bestandener Qualifikation auf die Teilnahme an der WM. Es wurde der indischen Mannschaft nicht gestattet, barfuß zu spielen.
- Vollberufliche Fußballer gibt es noch nicht lange. Die deutschen Nationalspieler mussten für die WM in der Schweiz 1954 noch mehrere Tage Urlaub nehmen. Sie erhielten aber eine Entschädigung von 10 Mark pro verpasstem Arbeitstag.
- 1966 war das einzige Jahr, in dem vor fast allen Spielen der Fußball-WM keine Nationalhymne gespielt wurde. Grund dafür war die Teilnahme des kommunistischen Nordkoreas, zu dem Veranstalter England, das Mutterland des Fußballs, keine diplomatischen Beziehungen unterhielt.
- Als das deutsche Team 1989 erstmals die Fußballeuropameisterschaft der Frauen gewann, erhielten die Spielerinnen von den Herren des Deutschen Fußballbunds (DFB) als Siegprämie ein Kaffeeservice mit blauen, gelben und roten Blümchen, 41 Teile insgesamt, Produktlinie »Mariposa« von Villeroy & Boch. Kritiker meinten, das sei die PAMS – die peinlichste aller möglichen Siegprämien.

- Als optimale Länge eines Grashalms auf einem Fußballfeld gelten 28 Millimeter.
- Bei zwei etwa gleich starken Fußballmannschaften gewinnt meist die Mannschaft mit den roten Trikots.
- Der Fußballkrieg – auch 100-Stunden-Krieg genannt – war ein militärischer Konflikt zwischen den südamerikanischen Staaten Honduras und El Salvador, verursacht durch Ausschreitungen während der Qualifikationsspiele zur Weltmeisterschaft 1970 und beendet durch Eingreifen der Organisation Amerikanischer Staaten (OAS). Die kriegerische Auseinandersetzung dauerte vom 14. bis 18. Juli 1969 und kostete ungefähr 2100 Menschen das Leben.
- 150 000 Menschen fasst das größte Fußballstadion der Welt in Pjöngjang/Nordkorea. Neben dem Fußball wird es für Propagandazwecke genutzt.
- Die Website www.worldatlas.com hat die beliebtesten Sportarten zusammengetragen und die Anzahl ihrer Fans geschätzt. Die beliebtesten Sportarten weltweit sind demnach Fußball (4 Milliarden Fans), Cricket (2,5 Milliarden Fans), Feldhockey (2 Milliarden Fans), Tennis (1 Milliarde Fans) und Volleyball (nur 100 Millionen Fans).
- Die Bundesliga in Vatikanstadt heißt Clericus Cup, 16 Mannschaften treten gegeneinander an – erstaunlich für ein Land mit 932 Einwohnern. 2018 siegte die Mannschaft der North American Martyrs.
- Eine La-Ola-Welle pflanzt sich im Durchschnitt mit einer Geschwindigkeit von 40 km/h durch das Stadionpublikum fort.

- In Finnland gibt es Meisterschaften in ganz besonderen Sportdisziplinen, zum Beispiel Frauentragen, Melkschemelweitwurf, Mückenfangen, Sumpf-Fußball, Saunieren und Luftgitarrespielen. Auch Beerenpflücken wird als Sportart betrieben. Der Weltrekord in der Disziplin Preiselbeeren liegt im Augenblick bei 27,98 kg/h.
- Sport mit Kugeln: 1550 spielte man in Italien erstmals Billard.
- Um jedes der 640 Motive des WM-Stickeralbums 2014 zu erhalten, musste man durchschnittlich 4505 Aufkleber kaufen.
- Weil auf den Färöer-Inseln ständig ein scharfer Wind weht, darf bei der Ausführung eines Elfmeters ein dritter Spieler in den Strafraum, um den Ball festzuhalten.
- Weniger geht nicht: In der kleinsten Liga der Welt treten auf den britischen Scilly Islands in jeder Spielzeit genau zwei Mannschaften an 16 Spieltagen gegeneinander an.
- Wer nicht allzu viel Geld in eine Sportausrüstung stecken möchte, kann in **Neuseeland** Nacktrugby spielen. Das ganze Team trägt absolut nichts, nicht einmal einen Schutz für die edelsten Körperteile. Besonders beeindruckend ist es, wenn die unbekleidete Mannschaft, wie es traditionell üblich ist, vor jedem Spiel den Haka aufführt, den Kriegstanz der Maori.

SKURRILES AUS DER TIERWELT

Gerade in der Kindergarten-Phase ist das enzyklopädische Wissen des Vaters gefragt – zumindest denken die Kinder, dass ihr Vater als der schlaueste Mensch auf der Welt so ziemlich alles weiß (nur Mutter weiß es meist noch besser). Deshalb hier einiges Material, mit dem der junge Vater bei seiner Familie Eindruck schinden kann (zumindest bei den Kindern).

☞ 10 bis 15 Prozent aller Kinder sind Linkshänder, hingegen ist jeder zweite **Elefant** Linksrüssler, rollt also seinen Rüssel beim Ausreißen von Nahrung nach links auf.

☞ 1681 starb auf der Insel Mauritius im Indischen Ozean der letzte **Kapuzentragende Nachtvogel,** auch Dodo genannt.

☞ **Ameisenbären** essen trotz ihres Namens lieber Termiten als Ameisen.

☞ Art mit Geschichte: **Küchenschaben** lebten schon vor den Dinosauriern auf der Erde.

☞ Auch wenn es dick und ungelenk aussieht: Ein **Nilpferd** kann deutlich schneller laufen als ein Mensch.

☞ Ausreichend für jedes Frühstück: Die **Hühner** der Welt legen pro Jahr etwa 400 000 000 000 Eier.

☞ Beeindruckend: Der Penis des **Blauwals** ist ungefähr 2,5 Meter lang.

☞ **Bienenköniginnen** legen an einem einzigen Tag bis zu 3000 Eier.

☞ Das durchschnittliche **Stachelschwein** hat 30 000 Stacheln, der durchschnittliche Igel 8000.

- ☞ Der **Mensch** kann als einziges Säugetier lächeln.
- ☞ Der moderne **Stadtvogel** greift zur Zigarette, um sein Nest vor Milben zu schützen, wie man bei in der Stadt lebenden Sperlingen beobachtet hat. Je mehr Zigarettenkippen in das Nest eingebaut waren, desto weniger Parasiten enthielt es.
- ☞ Durchblick? Ein **Schmetterling** hat 12 000 Einzelaugen, zu zwei Facettenaugen gebündelt.
- ☞ Ein **Königspinguin** kann bis zu 535 Meter tief tauchen.
- ☞ Eine ganz gewöhnliche **Hausfliege** kann bis zu 30 zum Teil gefährliche Krankheiten übertragen.
- ☞ Es ist nicht nur eine Redewendung, wenn man sagt, jemand stinke wie ein Iltis. **Iltisse, Marder** und **Frettchen** besitzen Analdrüsen, die ein extrem übelriechendes Sekret absondern.
- ☞ Etwa **80 Prozent aller Tiere** auf der Erde haben sechs Beine.
- ☞ **Faultiere** haben eine ausgesprochen langsame Verdauung. Die aufgenommene Nahrung bleibt bis zu zwei Wochen in ihrem Körper.
- ☞ Gewaltiger Durst: **Kamele** trinken 200 Liter Wasser in 15 Minuten.
- ☞ **Giraffen** können mit ihren über einen Meter langen blauen Zungen ihre Ohren reinigen.
- ☞ **Hummeln und viele Bienenarten** fliegen bei jedem Wetter aus. Honigbienen hingegen werfen erst einmal einen Blick aus ihrem Stock, um zu sehen, wie das Wetter ist. Wenn es ihnen nicht gefällt, nehmen sie sich frei. Bei schlechtem Wetter würden sie kaum Honig und Pollen sammeln können, weil viele Blüten geschlossen sind.

- Im Amazonas leben **rosa Flussdelphine**.
- In einen **Elefantenrüssel** passen rund sechs Liter Wasser.
- **Elefanten** schlafen pro Tag durchschnittlich zwei Stunden.
- **Krokodile** töten pro Jahr etwa 2000 Menschen.
- Lautstarker Typ: Das Gebrüll eines **Löwen** kann man aus etwa 7,5 Kilometer Entfernung hören.
- Lonesome George, der vermutlich letzte Vertreter der **Pinta-Galápagos-Riesenschildkröten**, starb am 24. Juni 2012. Er wog 90 Kilogramm und war ungefähr 100 Jahre alt.
- Manche Tiere sind sehr gefährlich: Es sterben pro Jahr mehr Menschen durch **Esel** als durch Flugzeugabstürze.
- Mehr als **200 Vogelarten** schützen sich durch ein Bad in einem Ameisenhaufen vor Parasiten. Sie reiben sich die Insekten mit dem Schnabel ins Gefieder, mit Vorliebe solche Arten, die reichlich Ameisensäure produzieren, denn diese schützt effektiv zum Beispiel gegen Federläuse.
- Müde Art: **Gorillas** schlafen bis zu 14 Stunden pro Tag.
- **Nashorn und Pferd** sind nahe Verwandte – sie gehören zur selben Familie.
- Nicht gerade hellwach: Der **Koala** schläft ungefähr 20 Stunden am Tag.
- Nicht nur Singvögel zwitschern in Dialekten, auch **Milchkühe** haben je nach Region unterschiedliche Mundarten – so die Forschungsergebnisse von John Wells, Professor für Phonetik an der Universität London.
- **Quallen** bestehen zu 95 Prozent aus Wasser.
- **Schafe** trinken nur im Notfall aus fließenden Gewässern.

- **Schmetterlinge** wissen nicht, wie schön sie sind, weil sie ihre eigenen Flügel nicht sehen können.
- **Skorpione** sind widerstandsfähiger gegen Radioaktivität als Menschen; sie können die 200-fache Strahlendosis vertragen.
- Tiefgreifend: Nicht nur das Fell, sondern auch die Haut ist bei **Tigern** gestreift.
- **Walrosse** schlafen senkrecht schwimmend im Wasser. Luftsäcke im Hals halten sie aufrecht.
- Wenn **Huskys** schlafen, bedecken sie ihre Nase mit ihrem Schwanz, um diese vor dem Frost zu schützen, denn sie schlafen auch bei arktischen Temperaturen immer draußen.
- Da er das 850-Fache seines eigenen Körpergewichts tragen kann, gilt der **Rhinozeroskäfer** als das stärkste Tier der Welt.
- **Koalas, Affen und der Mensch** sind die einzigen Erdbewohner mit einem individuellen Fingerabdruck.
- **Spitzhörnchen** sind die einzigen Alkoholiker des Tierreichs. Sie ernähren sich von Palmensaft, der vier Prozent Alkohol enthält.

WACHSEN UND WUCHERN: PFLANZEN

Kennen Sie das größte bekannte Lebewesen der Erde? Der Elefant auf dem Lande oder der Blauwal im Ozean? Beides falsch – das größte Lebewesen ist ein Pilz, ein Hallimasch.

- Mit einer Ausdehnung von 880 Hektar – etwas mehr als 1200 Fußballfelder – wächst ein **Hallimasch** im Malheur National

Forest in Oregon, USA. Der erst im Jahr 2000 entdeckte Riese wiegt etwa 600 Tonnen und lebt zum größten Teil unterirdisch, und das seit 2400 Jahren. Nur gelegentlich kommen seine Fruchtkörper an Baumstämmen oder Baumstümpfen an die Oberfläche. Der größte Teil des Pilzes, das Myzel, ein feines Fadengeflecht, verbirgt sich unter der Erde.

- Sie wachsen nicht in den Himmel: Die Obergrenze für die **Höhe eines Baums** auf der Erde ist 130 Meter, darüber hinaus funktioniert der Transport von Wasser durch die Kapillaren des Stammes gegen die Schwerkraft nicht mehr, wie ein Forscherteam der Universität von Nord-Arizona in Flagstaff ermittelte.
- **Hyperion** heißt der derzeit höchste Baum der Erde. Der Küstenmammutbaum *(Sequoia sempervirens)* wächst im Redwood-Nationalpark in Kalifornien (USA) und ist stolze 115,55 Meter hoch.
- **Der höchste je gemessene Baum** soll ein Riesen-Eukalyptus in der Nähe von Watts River, Victoria/Australien gewesen sein.
- Ein einzelner ganz gewöhnlicher **Straßenbaum** kann im Jahr knapp 30 Kilogramm Schmutz aus der Luft herausfiltern.
- Die **Tabakpflanze** produziert das starke Gift Nikotin, um sich vor Fressfeinden zu schützen.
- Die größte unverzweigte Blüte im Pflanzenreich produziert die **Titanwurz** genannte Pflanze mit dem lateinischen Namen *Amorphophallus titanum*, was so viel wie »unförmiger Riesenpenis« bedeutet. Der Blütenstand wird bis zu drei

Meter hoch und stinkt infernalisch nach Aas, um Insekten anzulocken.

- **Mandeln** gehören zur Familie der Pfirsiche, **Erdbeeren** sind sogenannte Sammelnüsse.
- **Schnittblumen** halten länger, wenn man Viagra in das Wasser gibt.
- Die meisten **Tomaten** an einem Strauch: Der Brite Surjit Singh Kainth erntete am 11. September 2014 in Coventry insgesamt 1355 Tomaten von nur einem seiner Sträucher.

ESSEN UND TRINKEN

Eine ausgesprochen kalorienarme Art, mit Lebensmitteln Spaß zu haben, ist es, Wissen über Essen und Trinken auszutauschen.

- **Eiscreme** wurde bereits um 1530 erfunden, als man künstliche Kühlungsverfahren entwickelte. Richtig in Schwung kam die Eisproduktion, als Carl von Linde 1876 die Kältemaschine erfand.
- Das **Eis am Stiel** soll 1905 der elfjährige Frank Epperson in Kalifornien zufällig erfunden haben. Er ließ in einer Winternacht ein Glas Limonade auf der Veranda seines Elternhauses stehen. Die Flüssigkeit fror ein, drinnen steckte ein Rührholz.
- Das Wort **Curry** stammt vom tamilischen Wort *kari* ab, was so viel wie Sauce bedeutet.

- Der Name **Cambozola** bezeichnet eine Käsesorte, die eine Mischung aus **Cam**embert und Gorgon**zola** ist. Man hätte ihn auch Gorgobert nennen können.
- Der Name der Schokolade Milka setzt sich aus **Mil**ch und **Ka**kao zusammen.
- Die erste **McDonald's-Filiale in der DDR** wurde im Sommer 1990(!) im sächsischen Plauen eröffnet.
- Obwohl McDonald's seit Jahren die Werbung mit der Kultfigur **Ronald McDonald** zurückfährt, wird er immer noch von 96 Prozent aller amerikanischen Kinder erkannt.
- **Red Bull** ist in Dänemark, Island, Norwegen und Uruguay verboten.
- Man verbrennt mehr **Kalorien** beim Schlafen als beim Fernsehen.

SACHKUNDLICHES

Später wird es als Schulfach Sachkunde heißen und unentbehrlich für das spätere Leben sein.

- Die kleinen Dellen in Golfbällen, sogenannte **Dimples,** machen die kleinen Kugeln schnell und erhöhen ihre Reichweite. Sie verringern den Luftwiderstand des Balles im Flug fast um die Hälfte.
- Auf dem Höhepunkt der **Inflation** in Deutschland im November 1923 musste man 4 000 000 000 000 Mark für einen einzigen US-Dollar zahlen.

- Bei **Zimmertemperatur** bewegt sich ein Luftmolekül mit einer Geschwindigkeit von etwa 400 Metern pro Sekunde – 1440 km/h – und stößt in diesem Zeitraum auf seinem Weg eine Milliarde Mal mit anderen Teilchen zusammen. Bei höheren Temperaturen bewegen sich die Teilchen mehr, bei tieferen weniger.
- Das **Feuerzeug** wurde im Jahr 1823 erfunden. Die ersten Streichhölzer gab es erst vier Jahre später.
- Das **Mittelmeer** ist deutlich salziger als andere Meere – es hat einen Salzgehalt von 38 Gramm pro Liter. Ein Liter Pazifikwasser enthält ungefähr 34 Gramm Salz, im Atlantik sind es 35 Gramm pro Liter. Schon fast Süßwasser enthält die Ostsee, nämlich 20 Gramm. Einige Binnenseen sind salziger – das Tote Meer bringt es auf unglaubliche 280 Gramm pro Liter.
- Der Erfinder der **Glühbirne,** Thomas Edison, fürchtete sich im Dunkeln.
- Die **Dose** wurde 1810 erfunden und der **Dosenöffner** 1858. In den 48 Jahren vor der Erfindung des Dosenöffners benutzten die Menschen einen Meißel und einen Hammer.
- Die **Lichtgeschwindigkeit** von 300 000 km/s gilt als feste Größe und kann nicht überschritten werden. Offenbar weiß das Licht das aber nicht, denn in Caesiumgas bewegt es sich um fast 3 Prozent schneller als im Vakuum. Das fanden Forscher des NEC Research Institute an der Universität Princeton/USA heraus.
- Eine Milliarde Sekunden entsprechen etwa 31,7 Jahren.

- ☞ Fingernägel wachsen etwa 0,00000011938 Zentimeter pro Sekunde.
- ☞ Harte Sache: Ein **Diamant** ist 140-mal härter als ein Saphir und 1170-mal härter als ein aus Quarz bestehender Kieselstein.
- ☞ Kein noch so großes oder dünnes Stück **Papier** kann mehr als sieben Mal auf die Hälfte gefaltet werden.
- ☞ **Ketchup** verlässt die Flasche mit einer durchschnittlichen Austrittsgeschwindigkeit von 40 Kilometern – pro Jahr.
- ☞ **Sauerstoff** (insbesondere in flüssiger Form) ist magnetisch – er wird in Magnetfelder hineingezogen. So lassen sich mit Sauerstoff gefüllte Seifenblasen von einem kräftigen Magnetfeld ablenken.
- ☞ Schlechtes Wetter? **Die Wolken am Himmel des Planeten Venus** bestehen hauptsächlich aus feinen Tröpfchen ätzender Schwefelsäure.
- ☞ **Sieben Milliarden Nebelpartikel** reichen gerade aus, um einen Teelöffel zu füllen.

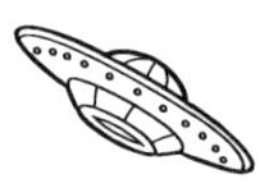

ASTRONOMIE UND WELTALL

Sie glauben gar nicht, wie wichtig diese Informationen für den Grad der Bewunderung sind, die Ihnen Ihr Nachwuchs entgegenbringen wird – mein Papa hat das Universum im Griff!

- ☆ Alle **88 Sternbilder** kennt vermutlich niemand. Allenfalls die Tierkreiszeichen des Horoskops und Konstellationen wie Orion und der Große Bär sind geläufig. Aber wer weiß schon, dass es Sternbilder namens Luftpumpe, Fliege und Grabstichel gibt?

☆ Alle vier **Gasplaneten unseres Sonnensystems** haben Ringe – Jupiter trotz seiner Größe die schwächsten, Saturn zeigt die am besten erkennbaren. Die Ringe von Uranus und Neptun kann man wegen der großen Entfernung der Planeten nur mit einem guten Teleskop erkennen.

☆ Das Universum besteht zu 96 Prozent aus Dingen, über die wir so gut wie nichts wissen – aus **Dunkler Materie** und **Dunkler Energie.** Wir sehen nur die restlichen 4 Prozent – Staubnebel, Sterne und Galaxien.

☆ Der **Neptunmond Triton** besitzt eine ungewöhnliche Eigenschaft: Er umkreist als einziger großer Mond des Sonnensystems seinen Planeten entgegengesetzt zu dessen Rotationsrichtung.

☆ **Das ausdauerndste Unwetter** wütet vermutlich seit Jahrhunderten auf dem Planeten Jupiter. Im Jahr 1831 wurde der Große Rote Fleck, ein gigantisches Sturmsystem, ausführlich von dem deutschen Astronomen Samuel Heinrich Schwabe beschrieben; es besteht bis heute fort.

☆ Der **Saturnmond Iapetus** zeigt eine fast schwarze und eine helle, fast weiße Seite.

☆ Der Sommer auf dem Planeten **Neptun** dauert 40 Jahre in Folge, die Temperatur erreicht dann –200 °C.

☆ Der **Temperaturunterschied zwischen Tag und Nacht** liegt auf der Erde in den extremen Wüstengebieten bei über 30 °C.

Schwer auszuhalten? Auf dem sonnennächsten Planeten Merkur, der sich in 59 Tagen einmal um die eigene Achse dreht, liegen die Temperaturunterschiede bei etwa 600 °C – zwischen 400 °C auf der Tag- und –180 bis –200 °C auf der Nachtseite.

- ☆ Die höchste Temperatur, die sogenannte **Plancktemperatur,** liegt bei etwa 142 Quintillionen Kelvin (1,417*1032 K). Zum Vergleich: Ein Riesenstern erreicht in seinem Inneren gerade einmal 10 Milliarden Kelvin (1010 K), kurz bevor er als Supernova explodiert.
- ☆ Die **Raumsonde Voyager I** ist das bisher am weitesten von der Erde entfernte Objekt, das Menschen geschaffen haben. Ende 2009 war Voyager nach 32 Jahren Flugdauer über einhundert Mal so weit von der Sonne entfernt wie die Erde – und hatte erst knapp fünf Hundertstel eines Lichtjahrs zurückgelegt. Nach ihrem Vorbeiflug am Saturn verschwand die Raumsonde in den äußeren Bereichen des Sonnensystems und fliegt seither immer weiter in den interstellaren Raum hinaus, ohne weitere Kommunikation mit der Erde.
- ☆ **Gefahr von oben?** Jedes Jahr fallen etwa 20 000 Meteoriten auf die Erde. Es lohnt sich übrigens, einen zu finden. Je nach Größe und Herkunft aus dem Weltall werden sie für viele 100 000 Euro gehandelt.
- ☆ In Estland gibt es, gemessen an der Größe des Landes, die meisten **Meteoritenkrater**. Einer der beeindruckendsten liegt auf der Insel Saaremaa. Vor rund 4000 Jahren zerbarst dort ein Meteorit in etwa fünf bis zehn Kilometern Höhe, die

Trümmer stürzten herab. Das größte Trümmerstück hinterließ einen Krater von etwa 50 Metern Durchmesser, umgeben von einem 16 Meter hohen Erdwall mit einem Durchmesser von 110 Metern.

- ☆ Alles andere als ein Leichtgewicht: Der **Planet Erde** wiegt ungefähr 6 588 000 000 000 000 000 000 000 Tonnen.
- ☆ Leuchtkraft-Charts: Die von der Erde aus gesehen **zwölf hellsten astronomischen Objekte** sind: Sonne, Mond, Venus, Jupiter, Mars, Merkur, Sirius, Canopus, Saturn, Arkturus, Alpha Centauri und Wega. Der **Polarstern,** den viele für ausgesprochen hell halten, ist zwar tatsächlich der leuchtstärkste Stern im Sternbild Kleiner Bär, liegt aber in der Hitliste erst auf Platz 47.
- ☆ Nicht der richtige Ort für einen Badeurlaub: Flüsse, Seen und Meere gibt es auf dem **Saturnmond Titan** durchaus, und es regnet sogar. Allerdings fällt kein Wasser vom Himmel, sondern flüssiges Methan; die Temperatur liegt bei etwa –180 °C.
- ☆ **Treibhauseffekt?** Auf der Venus herrscht in der Atmosphäre aus Kohlendioxid mit Schwefelsäurewolken eine Temperatur von durchschnittlich 460 °C. Der atmosphärische Druck ist 90-mal so hoch wie auf der Erde. Menschliche Besucher würden einfach zerquetscht und gebraten, sobald sie den Druckbehälter ihres Raumschiffs verlassen würden.
- ☆ Unbestiegen: Der 26 400 Meter hohe **Olympus Mons,** der höchste Berg des Sonnensystems auf dem Planeten Mars, wartet noch auf seine Erstbesteigung.

- ☆ Von unserem **Heimatstern**, der Sonne, bis zum nächsten Fixstern im Alpha-Centauri-System, Proxima Centauri, sind es 4,244 Lichtjahre – er ist 272 000-mal so weit von uns entfernt wie die Sonne.
- ☆ Zwölf Menschen haben bisher den **Mond** betreten, und zwar alle in den Jahren 1969, 1971 und 1972. Seither war niemand mehr dort.

COMPUTER UND INTERNET

Vermutlich bleibt auch die Generation Väter, zu der Sie gehören, rettungslos hinter dem Computerwissen der eigenen Kinder zurück, wenn deren Interesse an der digitalen Welt erwacht. Versuchen Sie wenigstens mit ein paar Brocken Computerwissen den Eindruck zu erwecken, dass Sie noch den Puls der Zeit spüren.

- Die erste E-Mail der Welt wurde im Jahr 1971 an die Adresse tomlinson@bbntenexa geschickt.
- Fast 90 Prozent des gesamten E-Mail-Verkehrs bestehen heute aus Spam.
- Als erste Webcam gilt die Trojan Room Coffee Pot Camera, die nichts weiter als eine Kaffeemaschine im Computerlabor der Universität Cambridge zeigte. Von Ende 1991 bis 2001 sendete die CCD-Kamera von Philips Bilder einer Krups-Kaffeemaschine ins Web.

- Ursprünglich startete Googles bekannte Suchmaschine unter dem Namen »BackRub«. Erst im Jahr 1998 erhielt sie ihren heutigen Namen. »Googeln« schaffte es 2004 in den *Duden* und gehört inzwischen zum Wortschatz des Goethe-Zertifikats B1.

Die folgenden Begriffe und Abkürzungen werden bei der Kommunikation in Internetforen und sozialen Medien gebraucht – Sie als moderner Vater sollten sich auskennen!

- **2L8** – Too late! Zu spät!
- **BCC** vor einer E-Mail-Adresse ist die Abkürzung für *Blind Carbon Copy*, Blindkopie. **CC** bedeutet *Carbon Copy* und stammt noch aus ferner Vergangenheit, als man einen Durchschlag noch mit Kohlepapier anfertigte.
- **Blogger** – Mensch, der seine Textergüsse nicht etwa einem intimen Tagebuch, sondern einem öffentlichen Weblog anvertraut, das flapsig (lol!) auch Blog genannt wird.
- **BRB** – Nachricht in einem Forum: *be right back!* Ich bin gleich zurück!
- **Browsen** – Früher brausten die kerngesunden Kinder mit ihren Tretrollern und Fahrrädern durchs grüne Deutschland, heute browsen sie dick und fett durchs Internet. Das ist Fortschritt.
- **Bug** – ein Fehler im Programm, aber in der Vorstellung eine Art Schadinsekt.
- **Canceln** – Termine verschieben? Verabredungen absagen? Das kommt für den modernen Business-Typen nicht infrage. Ein privates oder geschäftliches Date wird heute souverän und von oben herab gecancelt, der betreffende Partner also abgekanzelt.

- **Community** – Gemeinde, Gemeinschaft, also zum Beispiel die Linux-Community, die Borderline-Community, die Haustier-Community oder die Community der Denglisch-Geschädigten.
- **Cookie** – kein Futter für das Krümelmonster, sondern ein kleines Spionageprogramm, das bei der Marktforschung hilft und zum Beispiel festhält, welche Websites Sie besuchen; es könnte aber auch ein kleiner fieser Spy sein, der Ihren Rechner nach brauchbaren PINs und E-Mail-Adressen absucht und dabei noch ganz harmlos tut.
- **DAU** – Abkürzung: der **D**ümmste **A**nzunehmende **U**ser.
- **Deleten** – Computer-Denglisch für alle Löschvorgänge, die man hinterher lieber canceln würde.
- **DNFTT** – *don't feed the troll!* Die Aufforderung, jemandem, der zum Beispiel bei Twitter oder Facebook provoziert, nicht noch weiteren Stoff für sinnlose Diskussionen zu liefern.
- **Firewall** – Die Feuerwand (und nicht der Feuerwall!) schützt realiter Gebäude bei Großbränden vor dem Übergreifen der Flammen. Im Computerbereich stellt die Firewall eine technische Hürde zwischen Rechner und Internet dar, um unerwünschten Zugriff von außen zu verhindern.
- **Geek** – Sonderling, im Gegensatz zum introvertierten Nerd gibt der Geek gern mit seinem Wissen und elektronischen Spielzeug an.
- **GN8** – *good night!*
- **HAND** – *have a nice day!* Ich wünsche dir einen schönen Tag!

- **Hoax** – eine (lustige) Falschmeldung, ein Scherz, nicht zu verwechseln mit einem Fake, einer bewussten Falschmeldung.
- **HDGDL** – hab dich ganz doll lieb! oder: Hab dich gedisst, du Loser!
- **Nerd** – introvertierter Computersonderling mit viel Spezialwissen und unter Umständen seltsamem Sozialverhalten.
- **Noob** – ein Neuling, der nicht den blassen Schimmer von der Materie hat, auch Newbie genannt.
- **OMG** – *oh my god!*
- **RTFM!** – *read the fucking manual!* Die Aufforderung, sich durch Lektüre der Betriebsanleitung Sachkenntnis zu verschaffen.
- **Spoofing** – digitale Manipulation, Vortäuschung, Verschleierung der Identität.
- **WTF!** – *what the fuck!* Ausdruck von Verwunderung, Empörung, Entrüstung.

DER MENSCH

Die meisten Menschen werden glauben, schon alles über die eigene Art aus Wissenschaftssendungen und Krankenhausserien zu wissen – hier ein paar Fakten, die Dr. House, Meredith Grey und der Bergdoktor nicht unbedingt auf dem Schirm haben werden …

- **Das menschliche Auge** kann etwa 7 000 000 verschiedene Farbnuancen unterscheiden.

- Ein Mensch verliert in seinem Leben im Durchschnitt ca. 20 Kilogramm **Hautschuppen.**
- **Die durchschnittliche Nasenlänge** einer europäischen Frau beträgt 5,1 Zentimeter.
- Gleichgültig, wie lang die **Nase** ist: Es ist unmöglich, mit zugehaltener Nase länger als drei Sekunden »Mhhhh!« zu sagen.
- **Die Geschmacksrezeptoren der Zunge** befinden sich nicht in bestimmten Zonen, sondern sind gleichmäßig über die ganze Zunge verteilt.
- **Die Oberfläche einer menschlichen Lunge** beträgt etwa 80 m^2. Übertroffen wird die Lunge von der **Darmschleimhaut,** die mit etwa 260 m^2 der Fläche eines Tennisplatzes entspricht.
- **Sauerstoffarmes Blut** ist blau, sauerstoffreiches rot. Quatsch! An der Farbe ist die Menge des Sauerstoffs im Blut nicht festzustellen.
- Forscher des Massachusetts Institute of Technology (MIT) fanden heraus, dass beim **Niesen** Tröpfchen mitsamt den darin enthaltenen Krankheitserregern mehr als zwölf Meter weit durch die Luft fliegen können. Deshalb macht es im Alltag Sinn, in die Hand, auf den Ellenbogen oder in ein Taschentuch zu niesen.
- Durch **Zappeln** werden bis zu 350 Kalorien pro Stunde verbrannt.
- Der Mensch entwickelt schon im dritten Schwangerschaftsmonat seine **Fingerabdrücke.**

- **Linkshänder** können rätselhafterweise unter Wasser besser sehen als Rechtshänder. Außerdem sind Linkshänder im Allgemeinen mit der rechten Hand geschickter als Rechtshänder mit der linken. Sie können beispielsweise besser mit rechts schreiben als Rechtshänder mit links.
- Bei den Simpsons haben alle Personen vier **Finger** an jeder Hand. Nur Gott hat fünf Finger.
- Die innere Uhr des Menschen hat tatsächlich einen **25-Stunden-Rhythmus**.
- Kontinuierliche Erneuerung: Im Laufe eines Jahres werden etwa **98 Prozent der Atome** im menschlichen Körper ersetzt.
- **Männliche Brustwarzen** sind eigentlich nur ein Überbleibsel aus der Zeit vor der zehnten Schwangerschaftswoche. Erst ab dieser Woche bildet der Embryo geschlechtstypische Merkmale aus. Die Brustwarzen von männlichen und weiblichen Embryonen bilden sich jedoch schon früher. Zu ihnen gehören auch die Milchdrüsen. Durch einen Überschuss des Hormons Prolaktin, welches z. B. über Medikamente verabreicht wird, können männliche Brustwarzen sogar anfangen, Milch zu produzieren.

GESCHICHTE

Geschichte ist alles, was gestern war, und da wissen Sie als Vater und vor allem ihr Vater (der Großvater) genauestens Bescheid – glauben zumindest Ihre Kinder. Enttäuschen Sie sie nicht!

- Die in der Bibel erwähnte **Sintflut** könnte ein reales Ereignis gewesen sein. Als vor etwa 9000 Jahren die letzte Eiszeit endete, flossen große Mengen Schmelzwasser von den Gletschern in die Flusstäler und dann ins Meer. Am Bosporus brach ein natürlicher Damm, die Fluten bahnten sich ihren Weg in eine Tiefebene, das Schwarze Meer entstand.
- Über 10 000 Jahre alt ist die **Stadt Jericho** und damit vermutlich die älteste Stadt der Welt. Schon vor 13 000 Jahren entstanden auf dem späteren Terrain der Stadt erste Ansiedlungen, Steinhäuser wurden gebaut. Seither ist die Stadt durchgehend bewohnt.
- Die über **5000 Jahre alte Keilschrift** der Sumerer diente ursprünglich dazu, für den Warenhandel verwendete Krüge zu kennzeichnen. Die mit Keilen in den weichen Ton gedruckten und später eingebrannten Zeichen machten es möglich, den Inhalt der Krüge von außen zu erkennen.
- So beeindruckend die Bauwerke der Maya sein mögen, so erstaunlich ist die Tatsache, dass sie bei all ihren technischen Leistungen **ohne das Rad** ausgekommen sind. Es war zwar schon erfunden und wurde sogar verwendet – aber nur für Kinderspielzeug.
- Der 1799 im ägyptischen Nildelta gefundene **Stein von Rosetta** half der Wissenschaft bei der Entschlüsselung der ägyptischen Schriftzeichen. Er enthielt die gleiche Inschrift dreimal: in Griechisch, Demotisch (ein volkstümlicher ägyptischer Dialekt) und eben auch in ägyptischen Schriftzeichen.

📖 **Die Bauarbeiter der Pyramiden** von Cheops, Chefren und Mykernios wurden mit Brot und Bier bezahlt. Ihr Tageslohn bestand aus fünf Broten und zwei Krügen Bier. Das Bier wurde mit langen Saugrohren aus Tonkrügen getrunken, weil die ungefilterte Flüssigkeit noch viele Feststoffe enthielt.

📖 Unter **drakonischen Strafen** versteht man heute die besonders harte Ahndung von Vergehen. Dabei war der Namensgeber Drakon ein griechischer Gesetzesreformer, der 621 v. Chr. alle Gesetzesbestimmungen in Athen aufschrieb und öffentlich machte, um willkürliche Bestrafungen zu unterbinden. Außerdem führte er die Unterscheidung zwischen vorsätzlichen und versehentlichen Taten in die Rechtsprechung ein.

📖 Rom war **die erste Millionenstadt** der Welt. Sie erreichte im ersten Jahrhundert n. Chr. die siebenstellige Einwohnerzahl.

📖 Nicht die Stadtwache, sondern **eine Schar Gänse** rettete im Jahr 387 v. Chr. die Stadt Rom vor einem Überfall der Gallier. Ihr Geschnatter alarmierte die unaufmerksamen Wachmannschaften.

📖 Die **Liste der sieben Weltwunder** der Antike änderte sich im Laufe der Jahrhunderte mehrfach. Die bis heute anerkannte Version aus dem Jahr 130 v. Chr. stammt von dem griechischen Dichter Antipatros von Sidon:

- die hängenden Gärten der Semiramis,
- der Koloss von Rhodos,
- das Grab des Königs Mausolos II. zu Halikarnassos,
- der Leuchtturm von Pharos,

- die Pyramiden von Gizeh,
- der Artemistempel in Ephesos,
- die Zeusstatue des Phidias von Olympia.

Einzig die Pyramiden haben die Zeit überstanden und sind bis heute erhalten geblieben.

📖 Der **100-jährige Krieg** zwischen England und Frankreich hatte Überlänge: Er dauerte 116 Jahre, von 1337 bis 1453.

📖 Alle in England lebenden **Schwäne** sind Eigentum der Queen. Ihren Ursprung hat diese Regelung im 12. Jahrhundert, als Schwäne noch auf dem königlichen Speisezettel standen.

📖 Der **Buckingham-Palast** verfügt über 602 Räume.

📖 **Die Raben im Tower von London** stellen eine Art Versicherung für das Königtum dar. Der Hofastronom John Flamsteed hat nämlich im 17. Jahrhundert vorausgesagt, dass es mit der Monarchie zu Ende ginge, wenn alle Raben den Tower verließen – übrigens, um die Vögel vor dem Zugriff durch die Schergen König Karls II. zu bewahren, der sie töten lassen wollte.

📖 Scheißname: Zur Verwandtschaft des aztekischen Herrschers Montezuma gehörte **Cuitláhuac** (in der Sprache Nahuatl für »getrockneter Kot«): Er beherrschte von Juni bis Oktober 1520 die aztekische Hauptstadt Tenochtitlán.

📖 **Meisterleistung des Aberglaubens:** In Frankreich wurde 1740 eine Kuh der Zauberei für schuldig befunden und gehenkt.

📖 **Charles Boycott**, ein englischer Gutsverwalter, behandelte um 1880 seine Pächter in Irland derart schlecht, dass niemand mehr mit ihm Geschäfte machen wollte. Er wurde schlicht und einfach boykottiert – daher das Verb.

- Meilenstein: Das erste **Dosenbier** wurde 1935 verkauft.
- **Brautsträuße** hatten ursprünglich den Zweck, die Braut durch ihr intensives Aroma vor Ohnmachtsanfällen zu bewahren. Diese wurden nicht etwa durch die freudige Erregung der Brautleute, sondern durch die schlechte Luft in der Kirche verursacht. Wegen der schlechten Hygiene stank das Publikum einer Hochzeit damals häufig zum Himmel.
- Mel Gibson trägt in dem Film *Braveheart* einen **Schottenrock**, den Kilt. Dieser war allerdings zu der Zeit, in der der Film spielt – im 13. Jahrhundert – noch gar nicht erfunden. Das Kleidungsstück ist erst ab dem 16. Jahrhundert historisch nachgewiesen.

MUSIK

Versuchen Sie gar nicht erst, mit dem Musikgeschmack Ihrer Kinder mitzuhalten – je näher diese an die Pubertät rücken, desto mehr steigert sich die Geschwindigkeit, mit der die angesagten Interpreten und Gruppen wechseln. Bleiben Sie lieber bei solidem, väterlichem Musikwissen.

- Der **Flohwalzer** ist überhaupt kein Walzer, da er nicht dem Dreivierteltakt des Walzers folgt.
- **Udo Lindenberg** ist nicht nur Musiker, sondern auch Maler. Er malt Bilder mit Likören und nennt diese Likörelle.

- Schlecht bezahlte Musiker? **Paul McCartney** erhielt für seinen Auftritt bei der Eröffnungszeremonie der Londoner Olympischen Spiele eine symbolische Gage von 1 Pfund.
- Beliebtes Instrument: Das **Klavier,** das Freddie Mercury in *Bohemian Rhapsody* spielt, ist genau dasselbe, das Paul McCartney in »Hey Jude« verwendete.
- Der ursprüngliche Titel des Stückes **»Yesterday«** von den Beatles soll »Scrambled Eggs« – Rührei – gewesen sein. Der zugehörige Text: »*Scrambled eggs, Oh my baby how I love your legs. Not as much as I love scrambled eggs …*«
- Geheimwaffe: Die Royal Navy verwendet **Britney-Spears-Songs,** um somalische Piraten abzuschrecken.

KULTUR UND SPRACHE

Beeindruckende Fakten speziell über Literatur lässt das Ansehen bei der Mutter steigen. Sie sollten als angehender oder junger Vater deshalb viel lesen – beginnen Sie mit der folgenden Faktenauflistung.

- Mark Twains **Tom Sawyer** war die erste Novelle, die auf einer Schreibmaschine getippt wurde.
- **Pneumonoultramicroscopicsilicovolcanoconiosis** ist das längste Wort der englischen Sprache, das im *Oxford English Dictionary* zu finden ist. Es bezeichnet eine Krankheit, die deutsche Mediziner Silikose oder Quarzstaublunge nennen.
- Der schwedische **Philosoph und Philologe Andreas Kem-**

pe behauptete im 17. Jahrhundert, dass Gott im Paradies Schwedisch gesprochen hat, Adam hingegen Dänisch und die Schlange Französisch – allerdings handelte es sich um eine Parodie.

- Der volle Name von **Barbie** ist Barbara Millicent Roberts.
- Es wird immer wieder behauptet, in der Sprache der Inuit gäbe es rund 200 Wörter, die verschiedene Arten von **Schnee** und seine Erscheinungsformen beschreiben. Zum einen sprechen nicht alle Inuit dieselbe Sprache, zum anderen kommt etwa das Westgrönländische mit nur zwei Wörtern für Schnee aus. Der Schnee, der in Flocken vom Himmel fällt, heißt *qanik*. Es wird *aput* daraus, wenn er bereits auf dem Boden liegt. Schon im Deutschen wird deutlicher unterschieden: Neuschnee, Firn, Harsch, Sulz, Griesel, Graupel, Pappschnee, Tiefschnee, Pulverschnee und Faulschnee ...
- Ältere Menschen, die mit dem **Schwarz-Weiß-Fernsehen** aufgewachsen sind, träumen zum Teil auch in Schwarz-Weiß.
- Auf den letzten Drücker: **Wolfgang Amadeus Mozart** soll seine Oper *Don Giovanni* erst eine Stunde vor der Uraufführung fertiggestellt haben.
- **Leonardo da Vinci** war nicht nur ein großartiger Künstler, sondern auch Naturforscher. Er hat die Jahresringe der Bäume entdeckt, die ihr Alter anzeigen.
- Rund 10 Millionen Menschen kommen jedes Jahr, um sich die **Mona Lisa** im Louvre in Paris anzuschauen.
- High Speed: Bei einem **Wiener Walzer** tanzt man mit rund 180 Schritten in der Minute.

- Durchblick: Während der *Harry-Potter*-Dreharbeiten hat Schauspieler **Daniel Radcliffe** insgesamt 160 verschiedene Brillen getragen.
- **Rockstar Elton John** besitzt mehrere Hundert, wenn nicht Tausende unterschiedliche Brillenmodelle.
- 1820 konnten nur **12 Prozent der Weltbevölkerung** lesen und schreiben. Heutzutage ist es umgekehrt: Nur 13 Prozent der erwachsenen Weltbevölkerung können nicht lesen und schreiben. In Deutschland sind es immerhin noch 4 Prozent.
- Was eine **Alliteration** ist, bleibt den meisten Schülern auch nach der Schulzeit im Gedächtnis. Zu den bekanntesten Beispielen zählt »Milch macht müde Männer munter«.
- Der Begriff **Pangramm** dürfte den meisten jedoch unbekannt sein. Als Pangramm bezeichnet man einen einzigen Satz, der alle Buchstaben des Alphabets enthält. Ein Beispiel: »Zwölf Boxkämpfer jagen Viktor quer über den großen Sylter Deich.« Bekannt ist auch ein englisches Pangramm, das in der Typografie Verwendung findet: *The quick brown fox jumps over the lazy dog.* Als echte Pangramme werden Sätze bezeichnet, die jeden Buchstaben des Alphabets nur ein einziges Mal enthalten. Es ist weltweit keine Sprache bekannt, die ein echtes Pangramm bilden kann.

SANITÄRES: TOILETTE UND BAD

- Die Nasszelle ist einer der Orte in der Wohnung, an denen Väter und die übrigen Familienmitglieder aufeinandertreffen – wenn auch oft nur zwischen Tür und Angel. Dennoch bietet sich hier für den aufmerksamen Vater die Möglichkeit, bestechendes Wissen aufblitzen zu lassen ... Das prunkvolle Schloss von Versailles hatte zu Zeiten des Sonnenkönigs Ludwig XIV. über 2000 Räume – aber nur ein einziges Badezimmer mit Toilette.
- Der durchschnittliche Deutsche verbringt ungefähr drei Jahre seiner Lebenszeit im Badezimmer.
- Im Schnitt verbringt ein Mann neun Monate seines Lebens auf der Toilette. Sechs Monate seines Lebens verbringt er mit Sex.
- Die beliebteste Klolektüre ist bei Männern der Sportteil der Zeitung. Auf Platz 2 liegen Gebrauchsanweisungen.
- Einer von drei Männern wäscht sich nach dem Gang zur Toilette nicht die Hände. Dabei hilft Händewaschen mit Seife gegen viele Erreger sogar besser als Desinfektionsmittel.
- Im alten Rom gab es schon im Jahr 315 mehr als 140 öffentliche Bedürfnisanstalten.
- Eine Karte der öffentlichen Toiletten der Welt findet man unter ttps://pee.place/de.
- Wasserscheue Kinder? Beethoven tauchte seinen Kopf in kaltes Wasser, bevor er zu komponieren begann.

- Ein gepflegter Bart liegt im Trend! Durchschnittlich wenden Männer 150 Tage ihres Lebens für die Pflege ihres Bartes auf.
- Ein im Gesicht komplett rasierter Mann schickt in seinem Leben rund 3,5 Kilogramm Barthaare in den Abfluss. Wenn sich ein Mann niemals rasieren würde, würde sein Bart im Laufe seines Lebens ca. 9 Meter lang werden.

MATHEMATIK

Sie müssen damit rechnen, dass Ihre Kinder Ihnen Fragen zum Rechnen und zur Mathematik stellen. Auch Wissen über geometrische Körper ist immer gefragt. Und dann wären da auch noch die an den Nerven zehrenden Textaufgaben – die folgende zum Beispiel:

- Als **Briefmarken** noch nicht selbstklebend waren, wurde ein Brief durch das Anlecken der Marke auf der Rückseite um 0,3 g schwerer. Ein Postflugzeug mit einer Million Briefe transportierte also immerhin – na, schnell im Kopf ausrechnen: volle 300 Kilogramm Spucke!
- Geometrie: **Gullydeckel** sind rund, weil ein runder Deckel nicht in einen runden Schacht mit gleichem Durchmesser fallen kann. Bei allen anderen Formen – bis auf die quadratische bei einem quadratischen Schacht – wäre dies möglich.
- Was ist teurer, ein Steak oder ein Kleinwagen? Geht man nach dem **Preis pro Kilogramm,** ist ein Steak im Restaurant deutlich teurer als ein Kleinwagen.

- ☞ Stimmt das? In einer Tüte **Gummibärchen** sind die weißen, gelben, grünen und orangenen zu je einem Sechstel enthalten, die roten Gummibärchen aber mit einem Drittel überrepräsentiert. Zur Not nachzählen!
- ☞ Die Chance auf **sechs Richtige im Lotto** lässt sich mit genau 1 zu 13 983 816 beziffern. Sechs Richtige im Lotto zu erzielen ist aber immer noch 200-mal wahrscheinlicher als von einem Meteoriten getroffen zu werden.
- ☞ Es gibt unendlich viele **Primzahlen,** aber keine mathematische Methode, mit deren Hilfe sie zu berechnen wären.

HORROR UND EKEL FÜR ZWISCHENDURCH

Kinder sind fasziniert, wenn es so wunderbar gruselt und lustige Ekelmonster ihre grinsenden Fratzen zeigen – nicht umsonst ist Halloween so ein beliebtes Fest. Auch Vati hat in Sachen Horror einiges zu bieten, wenn er sich hier informiert:

- ✖ Ein durchschnittlicher Mann von etwa 75 Kilogramm Körpergewicht reicht als Mahlzeit für 40 Kannibalen.
- ✖ Jede Zehe einer Mumie wurde mit Sorgfalt einzeln saniert und eingewickelt.
- ✖ Adolf Hitler und Napoleon litten unter Monorchie – sie hatten beide nur einen Hoden.
- ✖ Saubere Sache? Der Astronaut Buzz Aldrin war der erste Mensch, der auf dem Mond Stuhlgang hatte.
- ✖ Tropische Fische sind nicht unbedingt auf Wasser ange-

wiesen – zumindest wird behauptet, dass sie in einem mit menschlichem Blut gefüllten Aquarium überleben könnten.

- Autoritätskonflikt: Wenn Schnecken mit zwei Köpfen geboren werden, kämpfen die beiden Köpfe miteinander um Futter.
- Wenn die Weltbevölkerung weiter so wächst wie bisher, wird im Jahr 3530 die Masse aller Menschen so groß sein wie die gesamte Masse des Planeten Erde.
- Würde die Menschheit danach weiter wie bisher wachsen, hätte sie im Jahr 6826 die Gesamtmasse des bekannten Universums erreicht.
- Paranüsse enthalten so viel radioaktive Substanz, dass sie einen Alarm auslösen, wenn man die Strahlenschleuse eines Atomkraftwerks passieren will.
- 1894 sagte die Zeitung *The Times* voraus, dass bis 1950 die Straßen der Londoner Innenstadt mit einer drei Meter hohen Schicht aus Pferdemist bedeckt sein werden.
- Die Prognose eines Journalisten für New York im 21. Jahrhundert sah ganz ähnlich aus: Die Pferdeäpfel würden bis zum dritten Stock der neuen Wolkenkratzer reichen.
- 1898 tagte in New York eine internationale Konferenz zur Lösung des Pferdeäpfel-Problems. Die Lösung sollte das Auto sein.
- Das geheime Passwort, das der US-Präsident eingeben musste, um eine Atomrakete abzufeuern, lautete 00000000. Dieses Passwort war von 1960 bis 1977 gültig.
- Die Königin von England ist eine Verwandte von Vlad Kolovnik – bekannt als Graf Dracula.

DER VATER IN DER DEUTSCHEN SPRACHE

Selbstredend, dass so bedeutende Menschen wie Väter uns nicht nur als reale Personen, sondern auch in der zwischenmenschlichen Kommunikation als Teil unserer Sprache begegnen, und zwar auf ganz und gar unterschiedlichen Ebenen.

FIKTIVE UND ALLEGORISCHE VÄTER

Es gibt sie nicht wirklich, doch jeder von uns hat sie im Kopf, wenn auch mancher von ihnen in einem versteckten Winkel der Erinnerung haust – erinnern Sie sich noch?

Väterchen Frost – Märchenfigur, ursprünglich aus der slawischen Mythologie; Symbolfigur des Winters.

Papa Schlumpf – eine der Hauptfiguren der *Schlümpfe*-Comic- und Zeichentrick-Serien. Er wird auch Großer Schlumpf genannt und unterscheidet sich durch seine rote Kleidung und den weißen Bart von den übrigen Schlümpfen. Als Vaterfigur hilft er ihnen durch seine Weisheit und sein Wissen über die Magie.

Der Vater zum Vaterland – eine sehr flexible Figur, denn jeder hat seinen eigenen, ganz speziellen Landesvater, passend zu seinem Vaterland.

Papa was a Rolling Stone – der Held des 1972er-Hits der »Temptations« mit einem zumindest für einen Vater ziemlich unruhigen Lebensstil.

Darth Vader – Anakin Skywalker, Jedi-Ritter, in seiner bösen Verkörperung als gefürchteter Kämpfer für den Imperator; der

Vater von Luke Skywalker, welcher der Filmgeschichte das unsterbliche Zitat »Ich bin dein Vater!« schenkte (*Star Wars: Episode V – Das Imperium schlägt zurück*, 1980).

Die Barbapapas – Kinderbuch- und Zeichentrick-Figuren, entwickelt 1970 in Paris von der französischen Architekturstudentin Annette Tison und dem amerikanischen Biologielehrer Talus Taylor.

Die Mamas und die Papas – Musikgruppe der 1960er-Jahre (»California Dreaming«).

Poppa Joe – Musiktitel von Sweet 1972, in Deutsch als »Papa Joe« gecovered von Graham Bonney.

Papa Roach – amerikanische Metal- und Rockband mit dem bekannten Titel »Last Resort«; der Name bedeutet wohl so viel wie »Papa Küchenschabe«.

Vater Staat – personifizierte Version des Gemeinwesens; nicht mit Mutter Natur verheiratet.

REALE VÄTER MIT BESONDERER FUNKTION

Diese Väter sind Menschen aus Fleisch und Blut, die uns in vielen Bereichen des Lebens als Helfer unterstützen, aber auch in die Quere kommen – nämlich als Ordnungsinstanzen oder uneinsichtige Patriarchen.

Der Heilige Vater – sitzt auf dem Heiligen Stuhl; der Papst.

Herbergsvater – höchste Instanz in der Jugendherberge.

Doktorvater – der entscheidende Helfer bei der Promotion.

Beichtvater – Entsorgungshilfe für Sünden aller Art.

Vaterstadt – die Stadt, in der jemand geboren wurde bzw. lange gelebt hat.

Stiefvater – nicht der biologische, sondern in der einen oder anderen Weise ein Ersatzvater.

REDEWENDUNGEN

Ob Alltagssprache oder feierliche Erklärung: In den hier aufgelisteten Redensarten ist häufig der Wunsch der Vater des Gedankens …

- Da ist der Wunsch der Vater des Gedankens.
- Dein Vater ist wohl Glaser!
- Der geistige Vater.
- Der Vater furzt, die Kinder lachen, so kann man billig Freude machen!
- Du sollst deinen Vater und deine Mutter ehren.
- Ehre sei dem Vater und dem Sohn und dem Heiligen Geist …
- Er gerät ganz nach seinem Vater.
- Er ist seinem Vater wie aus dem Gesicht geschnitten.
- Je älter ich werde, desto klüger wird mein Vater.
- Süß und ehrenvoll ist es, fürs Vaterland zu sterben.
- Wenn das Wörtchen »wenn« nicht wär, wär mein Vater Millionär.
- Wie der Vater, so der Sohn!

FSC
www.fsc.org
MIX
Papier aus verantwortungsvollen Quellen
Paper from responsible sources
FSC® C141904

Druck:
Customized Business Services GmbH
im Auftrag der
KNV Zeitfracht GmbH
Ein Unternehmen der Zeitfracht - Gruppe
Ferdinand-Jühlke-Str. 7
99095 Erfurt